LE STRESS C'EST LA VIE !

Dr SOLY BENSABAT

Le stress c'est la vie !

FIXOT

Ancien pédiatre, Soly Bensabat s'est converti à la médecine préventive et au stress depuis dix ans.

En collaboration avec le « père » du stress, Hans Selye, il est l'auteur de *Stress : de grands spécialistes répondent*. (Hachette, 1981.)

Il est aujourd'hui directeur du Centre médical François Ier, à Paris.

À ma fille Olivia.

Introduction

Il avait toujours été un battant. Un fonceur. Un de ceux qui vous agacent à réussir tout très vite et mieux que les autres. Des parents divorcés — et alors, ça arrive à tout le monde! —, des études brillantes — autant faire Polytechnique, quand on veut réussir, il faut entrer par la grande porte — menées sans effort apparent parce que bûcher, c'est bien, mais avoir l'air d'un bûcheur, c'est ringard. Une nuit sur ses livres, une nuit dans les boîtes, un soir à la bibliothèque, un soir à la cinémathèque, ses copains le trouvaient cool.

Vingt-cinq ans, et ce que l'on appelle un avenir brillant. Il quitte Adèle qu'il aime pour épouser Sonia qu'il aime moins que son nom, sa famille et son hôtel particulier avenue de Breteuil. Une voiture qui va trop vite, des relations, des sorties, le squash le samedi et l'entrée triomphale dans un groupe important où on lui offre au dixième étage d'une tour en verre de la Défense un bureau de huit mètres carrés et un avenir prometteur. Allées, venues, intrigues de couloirs, défonce professionnelle, départs à l'aube, journées sans fin, piles de dossiers, et toujours fière allure, le jeune homme est devenu un homme jeune, pressé, qui dort mal, monte dans la société, a mal au dos mais le cache, trompe sa femme et adore ses enfants. L'été il loue à Ramatuelle une maison avec piscine où il invite des gens bien placés qui pourront lui être utiles pendant l'hiver. On nage, on danse, on prend le soleil et on dispute des parties de tennis acharnées sans se soucier de la chaleur. Une vie d'aujourd'hui. Jusqu'à la dernière partie qu'il avait presque gagnée quand il est tombé, abattu par un infarctus qui a brisé net son ascension sociale et sa vie à trente-cinq ans.

Caricatural? Non. Un parcours du battant moderne, presque banal tant ils sont nombreux les jeunes cadres-dirigeants-entrepreneurs qui confondent vitesse et précipitation et prennent leur stress pour du dynamisme.

On dit qu'ils meurent jeunes, en fait ils meurent vieux sans en avoir l'air, avant la quarantaine. On n'a pas toujours l'âge de ses artères. La jeunesse n'est pas un bien inépuisable: on l'a, on la brûle, plus ou moins vite. Quand elle est finie elle s'en va. Tant pis s'il est trop tôt pour l'état civil et les statistiques.

Il aurait pu être un calme, un doux, un introverti, un de ceux dont on dit qu'ils sont de bons garçons, réservés, bien élevés et pudiques. Cette souffrance au moment du divorce de ses parents, son déchirement, il n'en a pas parlé, ne les a pas montrés. Il a moins bien travaillé à l'école et on lui en a voulu. Il s'est donné du mal, il a peiné, mais il a réussi à faire une grande école. Pas exactement celle dont il avait rêvé mais une autre, pas si mal après tout. Le soir il travaillait pour payer ses études, l'été aussi. Il a refoulé sa déception quand il s'est aperçu, diplôme en poche, qu'il avait bien du mal à trouver du travail. Des mois d'espoirs gagnés, perdus, petites annonces, entretiens, curriculum vitae photocopiés et envoyés par dizaines d'exemplaires. Il a fini par accepter, en attendant, un emploi, qui ne lui plaisait pas vraiment. Il s'est marié. Au début, c'était formidable. Enthousiasme au beau fixe, il s'est décidé à créer sa propre entreprise. Soucis, dossiers, banquiers, il rentrait tard et fatigué, week-ends foutus, il faut s'investir pour réussir plus tard. Elle est partie. Elle disait qu'il n'était déjà plus là. Il a senti un vide, un grand dégoût, puis des malaises. Les médecins savent qu'il a un cancer, mais ne le lui disent pas.

Chacun, à sa manière, est mort de trop de stress. « À trop tirer sur la corde, dit le proverbe, elle finit par se casser. » Trop de stress et le fil de la vie, représenté par la réserve d'énergie que chacun porte en soi au départ, finit par se rompre. L'hyperactif, à coup de décharges d'adrénaline, fragilise son cœur, altère ses vaisseaux, appauvrit sa capacité de réaction au stress. L'introverti encaisse, intériorise et, à coups de décharges de cortisol, épuise son potentiel d'énergie et de défense. Sans retour. Nous n'avons pas de chèque en blanc.

GÉREZ VOTRE CAPITAL ÉNERGIE — JEUNESSE

Certaines femmes semblent, à cinquante ans, en avoir soixante. À l'âge mûr, un travailleur de force peut avoir l'air d'un vieillard quand un fonctionnaire paraîtra un jeune homme. Il est des vies lisses et douces, qui font un visage lisse aussi et un corps alerte. Et des vies rudes, âpres, qui s'inscrivent en rides prématurées sur le front ou autour des yeux, dans un dos voûté, une lourdeur du corps. Car le stress provoque un vieillissement accéléré en puisant dans le capital de résistance que chaque individu possède à sa naissance. Assurément, certains sont plus riches que d'autres : les hommes ne naissent pas égaux devant les coups du sort.

Chacun a un capital d'adaptation, sorte de

compte en banque, de réserve d'énergie dans laquelle il puise chaque fois qu'il subit une agression, un stress, et qui, chaque fois, s'appauvrit d'autant.

Ce capital théorique, génétiquement programmé, est une donnée innée, et si à l'évidence certains individus sont, au départ, mieux armés que d'autres, le processus est toujours le même : le capital d'adaptation est un capital jeunesse et le stress l'équivalent d'un phénomène d'usure, celle-ci étant d'autant plus rapide et précoce que la dose de stress est plus grande et plus rapidement cumulée. Sans en avoir conscience, on tire sur un compte qui n'est jamais réapprovisionné. Ainsi, la dose totale de stress qu'il supporte est un élément plus déterminant de vieillissement de l'organisme que le temps qui passe. Les coups, les drames, les déceptions, les humiliations, les contraintes quotidiennes, les déséquilibres tuent notre jeunesse plus sûrement et plus vite que les années.

Quand on vit à mille à l'heure, quand on en fait trop, vient vite le jour où on a l'impression de n'être plus capable de récupérer. La fatigue s'accumule, la mémoire se brouille, on dit qu'« on n'en peut plus ». Et c'est vrai. Ce jour-là, on a usé son énergie. Le compte est à découvert.

Contrairement à ce qu'on croit souvent, il ne suffit pas de se reposer quand on est surmené pour tout effacer et se faire une nouvelle jeunesse.

Tout au plus peut-on ainsi reconstituer des réserves superficielles, immédiatement disponibles et aussitôt brûlées. Mais on ne corrige jamais tout à fait les lésions organiques, les troubles du métabolisme, l'usure des cellules. **Chaque stress laisse une cicatrice biologique irréversible.** Les stigmates du vieillissement sont indélébiles.

Certaines manières de vivre sont, au sens

propre, plus usantes que d'autres. Alimentation trop riche, ou trop pauvre, nuits sans sommeil, excès de tabac, d'alcool, de fatigue, compétition, challenge permanent, un jour le corps craque. On sait, par des études à la fois scientifiques et statistiques, que certains métiers usent prématurément : les mineurs de fond, les travailleurs de nuit, mais aussi les hommes politiques soumis aux difficultés et à la solitude du pouvoir, vivent plus mal et quelquefois moins vieux que d'autres. Mais, surtout, la multitude des stress psycho-émotionnels subis jour après jour nous font vieillir avant l'heure et nous exposent à ces maladies dégénératives que sont l'arthrose, les rhumatismes, ou l'athérosclérose.

C'est une lapalissade de dire qu'une vie conjugale conflictuelle, un travail qu'on n'aime pas, des bouleversements incessants ou un train-train contraignant épuisent plus rapidement qu'une vie harmonieuse et un travail motivant. Ce qu'on sait moins, c'est que nous pouvons être plus ou moins dépensiers ou économes de notre capital jeunesse et que, **pour vieillir lentement, pour garder notre jeunesse le plus longtemps possible, nous devons apprendre à gérer nos stress et notre compte en banque personnel, dont nous sommes seuls garants et seuls débiteurs sans espoir de recours.**

Je vois chaque jour, et de plus en plus souvent, des hommes et des femmes à bout de forces ou de nerfs, malades du stress ou d'une pathologie induite par le stress. Je sais que, comme eux, des millions de Français sont en danger. J'ai écrit ce livre pour les aider.

Parce que la nature humaine s'imprègne des diversités individuelles au point qu'aucune personne ne ressemble à une autre, le même stress peut avoir des effets différents. Il faut donc, autant que savoir reconnaître ses stress, se connaître soi-même pour pouvoir réagir, encaisser, résister, positiver.

Ce livre voudrait faire comprendre le stress qui est à la fois l'essence même de la vie et un poison social contre lequel, s'il n'existe pas d'immunité, il est pourtant possible de trouver quelques antidotes.

Je voudrais donner à chacun des moyens simples de mieux gérer ses stress pour vivre mieux.

Chapitre 1

CONNAÎTRE ET COMPRENDRE LE STRESS

Grands stress, petits stress, les uns en meurent, les autres en tirent profit. Tous, nous y sommes soumis. Ami ou ennemi selon l'usage que nous en faisons, le stress est d'abord un phénomène naturel. Biologiquement, le stress a les couleurs de la vie. Aussi naturel, aussi indispensable, il est le mécanisme normal et nécessaire qui assure l'équilibre de notre « milieu intérieur ».

Le mot, emprunté à l'anglais, prend chez nous trop souvent le sens vague d'une déprime que l'on n'oserait nommer. On prononce « stress » et l'on pense « agression ». On dit qu'on est stressé quand on veut dire tendu, surmené, fatigué, sous pression. Sait-on qu'on peut être stressé aussi pour un gain d'un million au loto, un coup de chance, un coup de foudre, un bonheur qu'on n'attendait pas ? Le stress est, au sens propre, une stimulation et, comme telle, peut être positif autant que négatif. On peut lui donner la couleur de la joie ou du malheur, il n'en porte pas moins toujours le même nom sous lequel on désigne **un système d'actions et de réactions, de stimulations et de réponses dont chacun d'entre nous est à son tour le jouet, du jour de sa naissance à l'heure de sa mort.**

Pour le scientifique, le stress est l'ensemble des processus physiologiques qui permettent de stabiliser les fonctions vitales de l'organisme, comme la composition du sang ou la température interne du corps. C'est un système de réponse et d'adaptation parfaitement codifié qui tempère et régularise par réflexe l'horloge interne qui est le balancier de notre santé. Que nous mangions une boîte entière de truffes au chocolat ou sortions en plein hiver sans manteau, notre sang n'en gardera pas moins un taux de sucre normal et nous n'entrerons pas en état d'hibernation. ce phénomène permanent d'autorégulation et d'adaptation aux agressions qu'elles qu'elles soient porte le nom savant d'homéostasie.

Dans la vie, les choses se compliquent parfois. Car si la nature humaine a besoin pour agir de réagir, pour exister d'être stimulée, elle a aussi ses limites. Lorsque l'agression est trop violente, ou répétitive, la faculté physiologique de réponse de l'organisme peut être dépassée, le métronome s'affole et se dérègle et le corps devient vulnérable à la souffrance et la maladie. Le stress est devenu pathologique.

Ce qui est supportable pour les uns peut être dangereux pour d'autres. Un joggeur entraîné éprouve, à courir longtemps, une joie indicible, un bien-être profond qui augmente avec la distance parcourue. Un intellectuel surmené, croyant se délasser, court sans préparation le dimanche, et s'écroule, le souffle court, le corps épuisé. Lorsque le stress est excessif, le corps se défend mais se défend mal.

D'autant qu'aux stress physiques s'ajoutent les stress psychologiques plus complexes, heureux s'ils sont positifs, mais aussi douloureux et dangereux lorsqu'ils deviennent pathologiques. C'est probablement cette confusion des genres, corps et esprit mélangés, qui nous rend si sensibles, si fragiles aux stress de la vie quotidienne.

Définition

Le stress est ainsi l'association de deux éléments obligatoires et indissociables :

— une agression ou stimulation ;

— la réponse de l'organisme à cette agression.

Il y a stress chaque fois qu'il y a agression et réponse à cette agression.

La stimulation peut être :

— physique : coup, blessure, douleur, mais aussi baiser, caresse, câlin ;

— psychologique ou émotionnelle : contrainte, peur, insatisfaction, mais aussi joie, amour, tendresse ;

— sensorielle : bruit, éblouissement, dégoût, froid, puanteur, mais aussi douceur, parfum, musique.

La réponse est toujours biologique, elle permet l'adaptation de notre organisme à l'agression.

Cette réponse est stéréotypée, elle déclenche chaque fois les mêmes mécanismes d'adaptation au niveau du cerveau, et emprunte les mêmes voies, les mêmes circuits. Elle se traduit par un ensemble de sécrétions hormonales et de modifications biologiques, responsables à leur tour des différentes manifestations symptomatiques, fonctionnelles ou organiques, bonnes ou mauvaises.

On en connaît les effets les plus visibles : cœur qui bat la chamade, rougeur, pâleur, chair de poule ou transpiration, tandis que notre organisme fabrique sucre et graisse en plus grande quantité afin de produire l'énergie supplémentaire dont il a besoin pour résister à une situation exceptionnelle.

Cette réponse est non spécifique, car, quelle que soit l'agression, physique, psychique ou émotionnelle, la réponse biologique est toujours du même type. En d'autres termes, gagner au loto produit les mêmes effets biologiques que l'annonce d'un contrôle fiscal et peut présenter les mêmes risques pour le cœur. Mon maître Hans Selye, auquel on doit tout ce que l'on sait aujourd'hui sur le stress, le définissait comme **« la réponse non spécifique de l'organisme à toute demande qui lui est faite ».** Cette répnse déclenche ce que Selye appelait le « syndrome général d'adaptation » (SGA).

Le froid, la chaleur, un traumatisme physique, la maladie, la douleur, sont des facteurs de stress au même titre que les émotions, la peine, la peur, la contrainte, l'échec et la réussite. Ils provoquent tous la même réponse au niveau du cerveau et produisent les mêmes effets physiologiques avec leurs conséquences bénéfiques ou néfastes pour tel ou tel organe.

Selye compare notre cerveau à une banque munie d'un système d'alarme relié à un poste de police. Quel que soit le mode d'effraction utilisé pour pénétrer dans la banque, l'alarme sera déclenchée et entraînera l'intervention de la police qui serait l'équivalent de notre répnse biologique.

Plus l'agression est importante, plus les mécanismes biologiques et psychologiques d'adaptation mis en jeu sont intenses, et plus les conséquences sont sensibles. Quand l'agression est trop violente, les moyens de défense peuvent devenir inefficaces. L'individu est alors en danger.

On connaît aujourd'hui la géographie interne du stress, enchaînement quasi implacable de sécrétions hormonales (adrénaline et cortisol) qui met en jeu le système sympathique et deux glandes maîtresses situées à la base du cerveau : l'hypothalamus et l'hypophyse.

Si les effets internes, stimulants ou dévastateurs du stress sont silencieux, ses manifestations extérieures sont parfois bruyantes et violentes : troubles du comportement, mouvements d'humeur, nervosité, irritabilité, ou joie, rire, excitation, dynamisme. Plus graves sont les réelles pathologies psychiques ou physiques, engendrées par un excès de stress, en durée ou en intensité, et le dysfonctionnement hormonal qui en est la conséquence. La dépression, dite réactionnelle, apparaissant après un événement douloureux, deuil ou échec par exemple, traduit souvent un excès de cortisol dû au stress, tandis qu'une hypertension artérielle est généralement la manifestation d'une sollicitation importante du système sympathique.

Physique ou mentale, la santé humaine est affaire d'équilibre. Dévoyé de son sens, détourné par le langage commun, le mot « stress » a perdu sa réalité biologique fondamentale. Même un long fleuve tranquille coule, de sa source à la mer. **Le stress est le courant, le mouvement qui nous pousse à nous éveiller le matin, à bouger, à vivre tout simplement.** Sans stimulation aucune, sans stress, c'est l'ennui, la déchéance progressive de l'organisme, et finalement la mort. Mis à la retraite prématurément, un homme, jusque-là actif, dépérit souvent, tombe malade et s'éteint doucement.

À l'inverse, l'excès de stress, le surmenage, les problèmes de tous ordres quotidiennement accumulés, provoquent des troubles, des maladies, diverses selon l'individu, et toujours un vieillissement prématuré. **Comme diraient les enfants,**

un peu de stress c'est bien, trop de stress (surtout pour ceux qui n'y sont pas préparés), bonjour les dégâts !

Aiguillon psychologique et physiologique, le stress est indispensable à la vie qui, sans lui, serait comme un sommeil de plomb. Les choses de la vie parfois nous dépassent et, par leur ampleur excessive ou par l'incapacité dans laquelle nous sommes de les supporter, bons ou mauvais stress peuvent déclencher dans notre organisme des mécanismes perturbateurs.

Le stress est l'essence même de la vie. Le silence infini, l'immobilisme total, l'indifférence absolue, ressemblent à la mort. Le mouvement, l'enthousiasme, la colère sont signes qu'on existe. L'homme peut supporter la chaleur et le froid, la guerre et la peur, et même, dans certains pays du tiers monde, la famine. Contre les grands stress naturels, il fait front ou s'adapte. Contre les stress insidieux, incessants, chroniques, que sécrète, comme une mauvaise bile, la société actuelle, l'individu est seul et désarmé. À coups d'embouteillages, de divorces, de métros en grève, boulots précaires, dodos ratés. Agressé en permanence par son environnement, son milieu professionnel, parfois par des difficultés personnelles, victime du bruit, d'une mauvaise alimentation, de la pollution et d'une hygiène de vie déplorable, l'individu craque, plus ou moins vite, plus ou moins fort.

Van Gogh n'eût pas été peintre de génie sans les mille et un stress dont furent tissés ses jours. Il ne serait sans doute pas non plus mort fou en pleine force de l'âge. Certains cadres ou chefs d'entreprise s'épanouissent dans le stress, d'autres en meurent, trop tôt, d'un infarctus. L'ont-ils voulu, l'ont-ils seulement envisagé ?

Car là est sans doute la frontière entre celui qui dirige sa vie et celui qui la subit. La sagesse est de ne pas sous-estimer ni surestimer ses propres capacités de résistance et d'adaptation. La santé, le bien-être dépendent de notre volonté et de la connaissance que nous avons de nous-mêmes. Notre véritable ennemi est l'inconscience et, pire encore, l'ambition démesurée dont les dégâts s'énoncent en termes statistiques : chaque année, 150 000 Français de plus souffrent de dépression, on meurt d'infarctus de plus en plus jeune, le nombre de suicides chez les cadres et les adolescents augmente de 25 % par an, et plus de 8 millions de nos concitoyens dorment mal.

Il est grand temps pour notre société de s'interroger. Il est temps aussi pour chacun, s'il n'est pas masochiste, d'apprendre à dominer ses stress.

Réaction au stress ou syndrome général d'adaptation

La réaction d'adaptation au stress définie et étudiée par Hans Selye est appelée syndrome général d'adaptation, ou SGA. Chaque fois qu'il y a stress, il y a SGA, et, inversement, un événement, une situation, une agression ne sont des facteurs de stress que lorsqu'ils provoquent un SGA.

Le SGA représente toutes les modifications non spécifiques produites dans l'organisme par le stress. Plus le stress est important, plus le SGA est important. On peut ainsi apprécier l'intensité d'un stress par l'intensité de l'ensemble des perturbations psychologiques et organiques qui font le syndrome général d'adaptation.

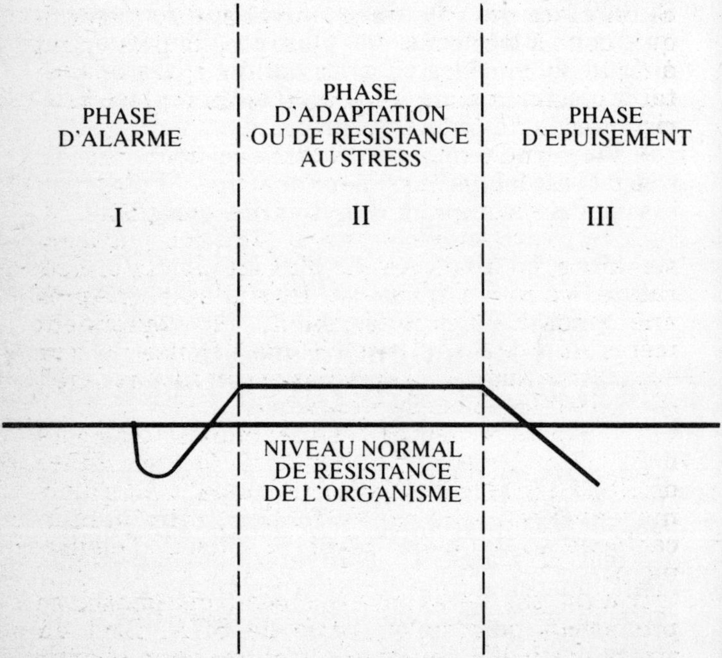

SYNDROME GENERAL D'ADAPTATION
Les trois stades de la réaction au stress

Surpris par le stress, le niveau général de résistance de l'organisme s'abaisse pendant la phase d'alarme, puis s'élève pendant la phase de résistance et d'adaptation, et s'épuise quand le stress dure longtemps.

Le SGA se déroule en trois phases :

— une phase d'alarme ;

— une phase de résistance ;

— une phase d'épuisement ;

et, comme bien des réactions humaines, c'est sur le rat qu'on a pu en observer scientifiquement les effets.

Si on place des rats dans une chambre frigorifique, donc à très basse température, ils présentent à l'autopsie, pratiquée quarante-huit heures plus tard, plusieurs anomalies, dont trois sont caractéristiques de la phase d'alarme :

- une hypertrophie des glandes surrénales ;
- des ulcères à l'estomac ;
- une atrophie du thymus et des ganglions.

Si on poursuit l'expérience pendant plusieurs semaines, en abaissant de plus en plus la température, les rats s'habituent. Ils s'adaptent. Après une phase d'amaigrissement, ils reprennent même du poids. La capacité de défense de leur organisme augmente et dépasse son niveau habituel. C'est la phase de résistance.

Si l'expérience se prolonge, pendant plusieurs mois par exemple, la capacité de résistance diminue, les facultés d'adaptation au froid s'amenuisent et finissent par s'effondrer, entraînant la cachexie et la mort. C'est la phase d'épuisement.

Il n'est pas nécessaire que ces trois phases se produisent pour qu'on parle de SGA. Seul un stress particulièrement grave et prolongé aboutit à la phase finale d'épuisement et à la mort, et heureusement cette catégorie de stress ne représente qu'une petite minorité de cas. Le plus souvent, on ne constate que les deux premières phases, d'alarme et de résistance.

La phase d'alarme : les signaux d'alerte du stress

Les symptômes de la phase d'alarme sont fonction du tempérament — le calme, c'est évident, manifestera moins que le nerveux — et du degré de l'effet de surprise : on réagit plus fort, et en tout cas plus spontanément, à quelque chose qu'on n'attend pas. On peut s'agiter, perdre son contrôle, crier, ou au contraire ne plus savoir que faire, être prostré, rougir ou pâlir, avoir un malaise, une chute ou une élévation brutale de tension, la bouche sèche, la respiration et les battements du cœur rapides, être saisi d'une crise d'angoisse ou de panique, avoir un nœud à l'estomac, une douleur fulgurante au ventre ou une envie brutale d'aller à la selle... tous les symptômes traduisant le désarroi, psychologique ou physiologique, sont possibles et plus ou moins violents selon les circonstances, ou plus exactement selon le degré de maîtrise que l'on a de la situation. Cette phase de détresse, provoquée par une agression imprévue, peut durer quelques minutes ou plusieurs heures pendant lesquelles le système biologique de défense intervient dans l'urgence pour assurer « la survie » ou plus généralement l'équilibre du milieu intérieur.

Quand le choc psychologique est trop violent, il peut dépasser la capacité d'adaptation et entraîner une inhibition totale ou, au contraire, une agitation incontrôlée pouvant conduire à des actes irréfléchis.

Dans le premier cas, toute forme d'expression, même la plus physique, devient impossible. Le blocage est total. On est incapable de faire un seul geste, même vital. On voit parfois, lors d'un accident violent, d'un séisme ou d'un incendie, certains témoins tétanisés ne pas se sauver ou sauver une victime, toute réaction abolie, toute pensée anéantie pour un moment.

Dans l'autre cas, c'est l'acte irraisonné, irrésistible, la «folie» momentanée et suicidaire de l'homme affolé qui court sous les bombardements. Chez un cardiaque, un traumatisme émotionnel violent peut entraîner, pendant cette phase d'alarme, la mort subite par incompatibilité d'adaptation.

Comme la chair de poule répond au froid et la violence irraisonnée à l'injustice, des manifestations, des attitudes, des comportements anarchiques en apparence sont l'expression des bouleversements physiques et psychologiques auxquels nous sommes brutalement soumis.

La phase de résistance : on s'habitue à tout, même au stress

Comme une sirène qui s'éteint, la phase d'alarme s'achève quand commence la période d'adaptation à la situation qui est la phase de résistance. Les mécanismes réflexes d'autorégulation se mettent en route, la défense biologique s'organise pour faire face à la situation, toutes nos énergies se mobilisent pour tenter de rétablir et maintenir un semblant d'équilibre.

Tant que l'agression persiste, l'organisme résiste par un jeu complexe de modifications métaboliques et de sécrétions hormonales excessives, c'est-à-dire supérieures au niveau physiologique habituel. Comme un moteur en surchauffe, les fonctions naturelles s'emballent. Conséquence inévitable : les organes souffrent, et si cette phase de résistance se prolonge, on peut constater des lésions au cœur ou à l'estomac, une baisse des défenses immunitaires, ou des problèmes dermatologiques, articulaires...

Pendant cette phase, la vulnérabilité au stress est plus grande, la résistance s'effrite et l'adaptation simultanée à plusieurs stress devient moins efficace. Une période de deuil, de divorce, de chômage ou de longue maladie, par exemple, correspond à une phase de résistance. Si d'autres facteurs surviennent au même moment, l'effet cumulatif les rendra plus difficilement supportables. Il est des limites à la capacité humaine de résistance ; nul ne peut combattre sur tous les fronts, et la fameuse « loi des séries » a fait bien des victimes. Elle pourrait d'ailleurs se comprendre autrement : un chômeur tombera plus facilement malade parce qu'il est plus vulnérable à l'agression microbienne, et une femme qui vient de perdre un enfant ne supportera plus la moindre émotion.

C'est pendant que l'individu est tout entier mobilisé pour se défendre et résister qu'apparaissent les troubles dus au stress.

Généralement, ils cessent lorsque la cause, elle-même, disparaît. Mais si l'agression se prolonge, si le stress n'est pas soudain mais chronique, les troubles s'installent et deviennent permanents.

La phase d'épuisement : la défaite

La phase d'épuisement est la phase terminale de la lutte de l'homme contre le stress. La capacité de résistance de l'organisme s'effondre. L'individu n'a plus de forces, ni psychologiques ni biologiques, pour faire face. C'est la phase d'usure. Alors apparaissent les maladie graves, voire la cachexie terminale qu'on observait dans les camps d'extermination nazis où seuls survécurent les êtres dotés d'une exceptionnelle capacité de résistance. Il est peu de stress susceptibles d'entraîner la mort. Mais on peut — le cas n'est pas rare — mourir d'une maladie déclenchée ou favorisée par le stress. Le stress évolue en fait rarement vers la phase d'épuisement.

Ce que l'on vit au quotidien, c'est une répétition, une succession de phases d'alarme et de petites phases de résistance.

Certains le supportent très bien mais le plus souvent, lorsqu'on est agressé physiquement ou psychologiquement, on accuse le coup. Puis on « réagit », c'est-à-dire qu'on s'adapte, bon gré mal gré, on s'accommode comme on peut. On prend l'habitude de ne pas vivre très bien, de vivre triste, *speed*, frustré, malheureux. On entre ainsi dans un processus de rumination psychologique, qui perpétue l'agression donc la phase de résistance et le dysfonctionnement des sécrétions hormonales.

La durée ou le caractère répétitif du stress sont évidemment les causes premières de troubles ou de maladies : mieux vaut une crise, une dispute, que des reproches lourds et inexprimés. Une scène violente, mais courte, fait moins de mal qu'une fâcherie prolongée, une atmosphère tendue, une situation pesante qui s'éternise.

Mais la nature même du stress est aussi en cause. Il est en somme des stress moins stressants que d'autres, auxquels on résiste et dont on se libère mieux.

Un stress prolongé mais localisé, aussi pénible soit-il sur le moment, disparaît généralement sans laisser de trace si l'on sait prendre un minimum de précautions.

Le SLA : intense mais réversible

Intense, mais caractérisé, le stress localisé induit un syndrome également localisé d'adaptation, qu'on appelle donc le SLA et qui se déroule lui aussi en trois phases. Un exercice musculaire intense et prolongé, une agression musculaire importante, peuvent entraîner l'effondrement du muscle, , la chute du coureur, l'épuisement du nageur. Mais, après un temps de repos, on récupérera et le muscle recouvrera son tonus et son élasticité. Une période de surmenage intellectuel, avec son cortège d'insomnies et de trous de mémoire, ne laissera aucune trace si on a la sagesse de prendre le temps nécessaire pour se reposer et, comme dit si bien le langage populaire, se reconstituer.

Si on ne sait pas s'arrêter à temps, si on ne sent pas venir le danger, le stress se prolonge anormalement, le mécanisme devient irréversible et, de localisé, le stress devient généralisé. On entre alors dans le processus du SGA. Une agression microbienne réduite à quelques patits abcès évolue généralement bien vers la guérison. « L'abcès est crevé. » Une infection plus importante peut dépasser les capacités locales d'adaptation et entraîner une altération de l'état général.

Le système de défense qui déclenche le syndrome général d'adaptation n'intervient pas, heureusement, dans les mille et une activités de notre vie quotidienne.

S'alimenter, travailler, accomplir les gestes habituels, aller et revenir par le même itinéraire, tous ces actes que l'on fait sans presque y penser, en tout cas sans effort particulier, ne demandent aucun processus d'adaptation. On vit une grande partie de son temps en état d'adaptation réflexe, de quasi-pilotage automatique.

C'est lorsque la situation est agressive, nouvelle, imprévue ou menaçante, qu'elle exige un effort d'adaptation, un ajustement du comportement, que l'on doit faire face à une demande qu'elle soit physique, psychique ou émotionnelle, que commence véritablement le stress et qu'intervient le SGA.

Et, si la vie n'est pas autre chose qu'un processus permanent d'adaptation aux circonstances et aux conditions dans lesquelles nous vivons, la quantité de stress supportable par chaque individu est différente, et dépend de sa capacité d'adaptation. Encore faut-il s'écouter un peu, décrypter les signaux d'alarme, ne pas surestimer ses forces afin de ne pas dépasser ses limites.

Les conséquences du stress

S'il n'était que bon stress, le stress n'aurait que des conséquences heureuses et bienfaisantes, procurant l'énergie dont on a besoin pour être actif et dynamique, l'éveil suffisant pour être combatif, intelligent et même génial, la joie et la satisfaction de l'accomplissement de soi.

Le contraire est, hélas, plus fréquent. Le mauvais stress l'emporte souvent sur le bon et l'efface comme M. Hyde laisse, dans notre mémoire, plus de traces que ce bon Dr Jekyll. Un drame annule les plaisirs qui l'ont précédé, et un accident, même peu grave, sur la route du retour peut gâcher des vacances pourtant réussies.

Si la force du mauvais stress s'avère donc plus intense que celle du bon stress, c'est aussi que ses conséquences sont infiniment plus visibles et dramatiques. Le bien-être est un état de grâce, doux et calme. Le stress est souvent violent et âpre, ses conséquences brutales ou pénibles. Elles varient en tout cas selon la durée du stress, la dose de stress accumulée et la valeur du capital d'énergie d'adaptation de la personne qui le subit.

STRESS AIGU ET VIOLENT

Les conséquences du stress dépendent d'abord de sa durée, et sont bien différentes selon qu'il s'agit d'un stress aigu et violent ou d'un stress moins fort, mais répétitif et permanent. Quand le stress est brutal et important, ses conséquences peuvent être immédiates, parfois dangereuses, entraînant un accident aigu de santé, voire une mort subite chez le cardiaque. Des expériences faites par le Dr Lennart Levi ont démontré que les films de violence, de guerre, d'horreur ou les films érotiques produisaient chez le spectateur une sécrétion massive d'adrénaline, ce qui n'est pas le cas d'un film d'amour ou d'un bon vieux western. Dans certains cas de stress violent, la quantité d'adrénaline mise en circulation est telle qu'elle déclenche une poussée d'hypertension artérielle, ou un accident vasculaire, cardiaque ou cérébral. Et peu importe que le stress soit physique ou psychique, la violence de l'agression est plus en cause que sa nature même.

Un grave accident de la route, une brûlure étendue, une opération chirurgicale importante suivie de soins intensifs et même un accouchement peuvent provoquer un ulcère ou un saignement au niveau de l'estomac, une chute brutale des cheveux ou bien d'autres troubles.

Une faillite, un choc, une grave humiliation, une émotion violente, un licenciement brutal, une nouvelle atroce ou, au contraire, une trop grande joie peuvent nous faire perdre le contrôle de nous-mêmes, nous faire commettre des gestes inconsidérés. Une stimulation psychique violente peut se traduire par un état d'agitation, d'excitation, ou au contraire d'abattement, de prostration. Une réponse vagale, mettant en jeu le système parasympathique, peut aussi remplacer la sécrétion d'adrénaline et entraîner un malaise brutal une syncope.

STRESS PERMANENT ET RÉPÉTITIF

C'est le stress le plus dangereux et le plus épuisant. Quand le stress est permanent, ou seulement régulier, aussi mineur soit-il, il s'accompagne toujours d'une sécrétion ininterrompue d'hormones dont la plus importante, de la famille de la cortisone, est appelée cortisol. Ses méfaits se feront sentir à long terme et se traduiront par un trouble psychomatique, voire une maladie organique, parfois grave, comme le cancer. Ainsi, comme le temps d'exposition au soleil conditionne totalement ses effets secondaires sur la peau et sur l'organisme, le temps d'exposition au stress conditionne à la fois notre vulnérabilité et les troubles qu'il provoque, ceux-ci étant d'autant plus importants que notre capital d'adaptation est plus entamé. Plus le stress dure, plus notre capital d'adaptation s'appauvrit, plus l'épuisement physique et psychologique, plus les malaises, les maladies se manifestent tôt dans la vie. Une personne vivant sans défense une humiliation permanente, une tromperie conjugale par exemple, a toutes les chances de présenter rapidement les symptômes d'une dépression nerveuse ou de tout autre trouble.

Les contrariétés quotidiennes, les frustrations sournoises, les petits stress qui n'ont l'air de rien mais empoisonnent la vie professionnelle, sont plus dangereux que bien des coups du sort.

L'ACCUMULATION

D'autant qu'un stress n'efface pas l'autre, il s'y ajoute, et **l'état de stress est d'autant plus important, les troubles plus sévères, que la dose totale de stress est plus grande.** On le sait, on le constate, on le prouve, on a bien du mal à le mesurer. Il n'y a pas d'échelle de Richter du stress, et celui-ci n'est pas scientifiquement quantifiable.

Les différents tests d'évaluation du stress n'ont

qu'une valeur indicative qu'il faut interpréter en fonction de la personnalité de l'individu et de nombreux facteurs qui modifient totalement la signification du résultat.

Une dose de stress importante, lourde de conséquences pour certains, peut être tout à fait supportable pour d'autres, et n'entraîner que très peu d'inconvénients.

On peut accumuler des agressions successives et beaucoup de changements, additionner de nombreux stress différents, ou n'être soumis qu'à un seul type de stress, à une seule et même agression tout aussi épuisante parce qu'elle est toujours là. Mieux vaut une baignoire qui déborde que le petit bruit infernal et lancinant de l'eau qui tombe, goutte à goutte, d'un robinet mal fermé. Mieux vaut une bonne cuite que les petits verres avalés jour après jour, d'apéro en digestif. Il est plus dangereux de subir tout le temps que de souffrir un bon coup. Comme une drogue, l'accumulation de stress conduit à l'overdose quand on n'est plus capable de lui résister, quand on ne se défend plus, quand on a épuisé son compte en banque de force, de capacité d'adaptation, d'énergie, de jeunesse.

STRESS : LA DOSE IDÉALE

Il existe pour chacun un niveau optimal de stress, une dose idéale qui est la dose biologiquement nécessaire à chaque individu pour fonctionner harmonieusement dans des conditions optimales, compatibles avec sa personnalité et ses possibilités d'adaptation. Mais ce niveau est évidemment variable d'une personne à l'autre, et lié à ce qui détermine le plus profondément son individualité propre : son hérédité, sa psychologie, son éducation, sa santé, son mode de vie... La dose physiologique, stimulatrice, nécessaire à son réveil et à son équilibre, est différente pour chacun.

Certains ont besoin d'une dose importante, d'autres d'une dose modérée de stimulation. Certains ont chaud quand d'autres ont froid. Certains pleurent quand d'autres sont indifférents. Certains sont *speed*, d'autres *cool*, les uns agités, les autres lymphatiques. Certains ont besoin d'une dose importante de stress pour se sentir bien, les seconds ne le supporteraient pas et ne trouvent leur équilibre que dans une vie plus ralentie, paisible, sans précipitation.

Au-delà de la dose otpimale, le stress devient détresse et exige de notre organisme une adaptation particulière dépassant les normes physiologiques, aussi bien sur le plan biologique que sur le plan physique ou psychologique. Comme deux enfants qui passent du jeu à la bagarre, notre métabolisme passe du ronronnement aux à-coups nerveux, hormonaux, circulatoires... Trop sollicité, l'organisme est surstimulé, surmené, mis en échec.

En deçà du seuil optimal, l'organisme, peu stimulé, subit une mise en sommeil novice qui se traduit par l'ennui et, étrangement, une grande fatigue. L'inactivité exagérée, l'inertie ne sont pas recommandées et c'est une erreur que de contraindre une personne naturellement active à un repos forcé ou à une activité qui ne correspond pas à son rythme biologique. Au Liban, les otages enchaînés, privés de lumière, de mouvement, de bruit, ont dû, pour échapper à la débilité et à la dégradation mentale, apprendre par cœur une langue, ou la Bible, et se stimuler mutuellement. Dans les deux cas, le rythme biologique normal est perturbé et, à la longue, la machine peut se rouiller ou se détraquer.

CALCULER SA PROPRE RÉSISTANCE AU STRESS

Pour survivre, il appartient de connaître son niveau idéal de stress et ses limites, ses capacités d'adaptation et ses blocages. De déterminer la dose de contrainte qu'on peut supporter pour éviter de se placer dans des conditions qui dépassent le seuil de tolérance. Cela ne demande qu'un peu d'analyse, de franchise et de lucidité. **Le mal provient d'une mauvaise estimation de ses capacités, du désir d'en faire plus qu'il n'est possible.** C'est la rupture mille fois recommencée et jamais consommée des couples infernaux, l'humiliation sans cesse remâchée et sans cesse subie sans qu'on ose, un jour, démissionner, la maison qu'on paiera en vingt ans de traites qui, mois après mois, vous étranglent. **Pour trouver son propre équilibre, évaluer sa résistance au stress, connaître sa vitesse de croisière, il faut se regarder en face,** ne pas vouloir se comporter en cheval de course quand on est né tortue, et si l'on est tortue, ne pas en avoir honte car la honte de soi est un stress aussi, et non des moindres.

« Connais-toi toi-même », dit le proverbe. « Aime-toi toi-même, devrait-on ajouter, et pardonne-toi à l'avance quelques défaillances : elles sont peut-être la manifestation de cet instinct de survie que tant d'entre nous semblent avoir perdu. »

Chapitre 2

LES CAUSES DU STRESS

Nous connaissons bien les stress positifs, ces stimulations qui nous donnent chaud au cœur et nous font une raison de vivre.

Nous connaissons moins bien, ou voulons ignorer, souvent, les vraies raisons de nos contrariétés. Nous refusons de voir les angoisses, les peurs, les frustrations quotidiennes qui nous abîment, jour après jour. Peut-être parce que trop pris par la vie, le temps, les « choses à faire » qui nous empêchent de penser et de réfléchir, nous finissons par trouver banales des situations pourtant stressantes, si elles ne dépassent pas trop brutalement ou trop évidemment nos capacités d'adaptation et de résistance. L'homme s'habitue à tout ou presque tout, au travail à la chaîne, aux trains de banlieue bondés, au bruit, à la pollution, aux scènes de son conjoint, à l'agressivité ambiante, aux soucis d'argent, à n'être pas en somme ce qu'il voudrait être. Ou il croit s'habituer, jusqu'au jour où il craque « sans savoir pourquoi ».

Pourtant, tous ces « petits » stress, apparemment insignifiants, sont de loin plus fréquents et plus dangereux que les grands, justement parce que l'on n'y prête pas attention. Silencieusement, sournoisement, ils nous agressent et nous fatiguent, nous rongent comme la rouille attaque le métal, effritent nos défenses comme le salpêtre mange, l'hiver, les murs de ces maisons de bord de mer qu'on n'ouvre qu'à la belle saison.

De plus, la frontière entre bon et mauvais stress n'est pas toujours évidente. On passe parfois de l'un à l'autre sans s'en rendre compte. On croit, par exemple, bien faire en se faisant plaisir et en faisant plaisir, on est poli, serviable, dévoué, aimable, on ne sait pas dire non, on ne veut blesser ni choquer personne et, sans s'en apercevoir, on en fait trop, victime de son éducation, de ses bonnes intentions, de l'image sociale qu'on veut donner de soi. On accepte un dîner quand on n'a qu'une envie, aller se coucher, et on en sort tendu, contrarié, épuisé. On rend service, on transige, on dit oui quand on devrait dire non et on se retrouve piégé, englué dans des situations inextricables. On travaille beaucoup, parce qu'on aime ça et qu'on veut réussir et se faire bien voir puis, sans s'en apercevoir, on en fait trop. Ainsi, à coups de bon sentiments et de bonne volonté, on se trompe de comportement. Les bonnes raisons font souvent des erreurs de jugement et, à trop se voir dans le regard des autres, on se pénalise.

Nos stress sont ce que la vie en fait, et souvent ce que nous en faisons. L'autopunition, l'aveuglement sur soi, le refus de regarder en face les conséquences de ses choix et de ses actions sont une des causes premières de bien des difficultés.

Je n'essaierai pas ici de dresser une liste exhaustive des stress, petits ou grands, que chacun d'entre nous a dû affronter, ou affrontera. Je voudrais seulement montrer que le stress est partout, ou nulle part, et qu'**à côté des stress majeurs, des épreuves, des situations douloureuses inévitables, il est des manières de se comporter, de penser, de vivre tout simplement qui nous rendent malades, au sens propre du terme, et**

que nous pourrions éviter. En faisant, simplement, un peu attention à nous-mêmes. Et parce que les stress ne sont pas tous de même nature, je les ai distingués en :

— stress physiques ;
— stress du mode de vie ;
— stress de l'hygiène de vie ;
— stress psychoémotionnels.

Stress physiques

Nos civilisations occidentales modernes ont peu à peu gommé les stress majeurs : le froid, la peur, la faim, encore que la montée du chômage et de la pauvreté les recrée parfois dans les grandes villes.

Elles ont en revanche sécrété des nuisances, des contraintes, des formes d'agression multiples qui, si elles ne mettent pas sa vie en danger, menacent pourtant forcément l'équilibre de l'individu.

LE BRUIT

56 % des Français considèrent que le bruit est la nuisance la plus insupportable des sociétés industrielles. Ils n'ont pas tort : on lui doit 20 % des internements psychiatriques, et 60 000 accidents du travail par an.

Le bruit rend fou. Il conduit à des gestes d'exaspération, à des crises de violence, parfois au crime. Il arme le bras de l'homme qui tente de trouver le sommeil après une journée de travail harassant et ne supporte plus d'entendre ronfler sous ses fenêtres les motos d'une bande d'adolescents ; il transforme en assassin l'homme fragile dont le nourrisson hurle sans raison, du moins le croit-il, et qui, dans une crise incoercible, cogne pour arrêter les cris. Faits divers. scènes paroxystiques, symboles aussi de cette agression latente, permanente, qui traumatise, où qu'il se trouve, le citadin d'aujourd'hui.

Cela commence par le bruit des éboueurs, la sonnerie du réveil, les premiers klaxons, les rames du métro qui grincent en freinant. Cela continue avec le cliquetis des machines à écrire ou les bruits du chantier, le téléphone, le brouhaha infernal du restaurant d'entreprise ou du bistrot bondé à l'heure du déjeuner. On enchaîne avec la radio ou la télévision et les cris des enfants qui, eux-mêmes, ne sont pas épargnés : le bruit est tel dans une cour d'école ou une cantine scolaire qu'après y avoir passé une demi-heure il faut une heure de calme pour retrouver son équilibre nerveux.

Mais il faut plusieurs heures pour récupérer après une exposition à un bruit intense, comme celui auquel sont professionnellement soumis chaque jour plus de 2 millions de personnes.

Au-delà de 60 décibels, le bruit devient préjudiciable à l'équilibre nerveux et menace la santé. Dans le métro, dans un grand magasin, dans une usine « normale », au restaurant, le niveau moyen est de 80 décibels. Un ronfleur porte à 70 décibels le niveau sonore d'un appartement calme, qui est de 30 décibels.

Ainsi sommes-nous en permanence agressés par des bruits gênants, fatigants, stressants, qui imposent à notre système nerveux une excitation et une fatigue anormales.

Exemples de bruits avec leur niveau de décibels*

Bruits dangereux	130 110	Moteur d'avion à réaction (140 dB). Marteau-pilon (130 dB). Atelier de chaudronnerie (110 dB).
Bruits fatigants	 90 70	Atelier de forgeage (95 dB). Rue à trafic intense (90 dB). Klaxons d'auto, métro en station (85 dB). Atelier dactylo, usine moyenne (75 dB). Restaurant bruyant, circulation importante (70 dB).
Bruits gênants	 50	Appartement bruyant (65 dB). Grands magasins, musique de chambre (60 dB). Rue très tranquille (50 dB). Bruits minimaux le jour dans la rue (45 dB).
Bruits légers	30 10 0	Appartement dans un quartier tranquille (30 dB). Studio de radio (20 dB). Feuilles légères agitées par vent doux (15 dB). Silence inhabituel (5 dB).

LE TEMPS

Même s'il a inventé le chauffage et la climatisation, l'homme moderne n'est pas à l'abri du froid et du chaud, ni des agressions météorologiques quand des conditions inhabituelles le surprennent et l'obligent à s'adapter, psychologiquement et biologiquement. Un été « pourri » ou caniculaire, un hiver anormalement rigoureux, une alternance trop rapide de chaud et de froid, une tempête, un cyclone, des pluies torrentielles exigent de l'organisme des facultés de réaction qui mettent en jeu les mêmes mécanismes internes que n'importe quel autre stress. Nous pensons que seule notre humeur s'en ressent, on dit : « J'ai le cœur gros comme le temps », ou : « Il pleure dans mon cœur

* *D'après le Centre d'information et de documentation sur le bruit.*

comme il pleut sur la ville », alors qu'une véritable révolution intérieure déboussole nos hormones.

LES DENTS

Il est un stress particulier — et particulièrement méconnu — d'origine dentaire, dû à une mauvaise occlusion, c'est-à-dire un mauvais contact entre les deux maxillaires supérieur et inférieur, au niveau des surfaces des dents. Les muscles de la mastication sont, par rapport à leur volume, les plus puissants de l'organisme. Nous avalons notre salive deux fois par minute quand nous sommes éveillés, une fois par minute lorsque nous dormons. À chaque déglutition, nos dents subissent une charge de deux kilos en moyenne. En vingt-quatre heures, nous exerçons sur nos dents et donc sur notre corps une pression d'environ quatre tonnes. Si les dents du haut ne reposent pas correctement, bouche fermée, sur les dents du bas, l'appareil masticateur est déséquilibré, l'équilibre musculaire est rompu et cette rupture affecte les muscles de la mâchoire et de la face, puis ceux de la tête, du cou, des épaules. Plusieurs articulations, notamment temporales et maxillaires, sont perturbées. La colonne vertébrale souffre à son tour et il s'ensuit une série de troubles fonctionnels qui ne peuvent être corrigés que par le rétablissement d'une bonne occlusion dentaire. Près de la moitié de la population a une mauvaise occlusion dentaire, ce qui veut dire que 50 % de nos concitoyens ont des muscles masticateurs (ceux qui contrôlent les mandibules) qui ne se contractent et ne se décontractent jamais de façon optimale. Des contractures secondaires sont alors fréquentes. Quand on serre les mâchoires ou qu'on grince des dents, la pression intermittente exercée sur la denture augmente considérablement, pouvant atteindre quinze ou vingt tonnes par vingt-quatre heures. Cette surcharge est une source constante de stress responsable de nombreux troubles et d'une perte d'énergie inutile.

Quand le spécialiste rétablit la position des mâchoires et l'équilibre de l'occlusion, la contracture musculaire cesse ; le patient éprouve souvent une sensation de soulagement, et des troubles jusque-là irréductibles disparaissent dans 95 % des cas. Mais qui songe à consulter son dentiste lorsqu'il a des douleurs dans la nuque, le dos, lorsqu'il éprouve des maux de tête, des difficultés respiratoires, des troubles de l'élocution ou de l'audition ?

Aux États-Unis, le Dr John Diamond, président de l'Académie internationale de médecine préventive américaine, affirme, après de nombreuses années de recherche, obtenir de meilleurs résultats de réduction du stress depuis qu'il s'occupe du problème de la détresse dentaire. Le Dr Alexandre Leeds, qui fut le médecin du général Eisenhower, et le Dr May ont entrepris des recherches sur 1200 malades chroniques les plus divers par ce même procédé thérapeutique.

Les Français, c'est bien connu, négligent leurs dents. À tort.

Stress du mode de vie

Il est des conditions de vie plus difficiles à supporter que d'autres. Lapalissade.

« J'ai été riche, j'ai été pauvre, dit Woody Allen. Riche, c'est mieux. » Naître immigré dans une banlieue-dortoir, ou bien dans un quartier pourri de Soweto, peut signifier une vie de misère. Ou donner une telle rage de vaincre que la « victime » désignée en tire une force incroyable. L'un des plus grands cerveaux de ce siècle, Stephen Hawking, est cloué dans un fauteuil d'infirme. Corps déformé, inerte, il découvre pourtant les secrets de l'univers qu'il transmet au monde par l'intermédiaire de l'ordinateur qui supplée à sa voix à jamais éteinte.

Certains transforment en force leurs faiblesses et on peut analyser ses handicaps, petits ou grands, pour tenter d'en souffrir le moins possible. On peut aussi, dans une situation insupportable, refuser d'accumuler les stress.

Tenir à la vie, c'est aussi tirer le meilleur parti de sa propre vie.

LA MALADIE AUTOUR DE LA MALADIE

En observant des malades, Hans Selye, le père du stress, a constaté qu'ils présentent, en plus de leur maladie, les mêmes symptômes de souffrance psychologique et biologique qu'il avait regroupés sous le nom commun de syndrome général d'adaptation. Car toute maladie, toute souffrance aiguë — et plus encore chronique — provoque un stress supplémentaire qui vient s'ajouter aux symptômes du mal. Tristesse, découragement, perte de l'appétit et du sommeil sont un stress surajouté, comme une maladie autour de la maladie.

Et l'on retrouve le rôle, vital, de ce qu'on appelle le « moral », et dont chacun sait bien qu'il est essentiel dans la guérison.

Les malades optimistes, qui veulent s'en sortir ou trouvent en eux la volonté de résister et de combattre, s'en sortent souvent

mieux et plus vite que ceux qui sont déprimés ou vulnérables.

Les spécialistes du cancer admettent aujourd'hui que le pronostic est meilleur pour ceux qui luttent que pour ceux qui démissionnent. Vouloir guérir contribue à la guérison.

À la peur, au sentiment d'infériorité et de dépendance physique liés à la maladie, il faut aussi ajouter les négligences, les contradictions, le manque de tact et de considération d'un personnel hospitalier parfois maladroit, débordé, non formé à aborder les patients autrement que par des gestes thérapeutiques codifiés. Certaines vérités, certains résultats jetés à la figure du malade au mépris de son angoisse, de son ignorance, de son incapacité à interpréter ce qu'on lui dit, le fragilisent. Certes, ce n'est pas toujours le cas. Certains médecins et une grande partie du personnel soignant savent ajouter à leur science de la délicatesse et de l'humanité. Les autres, familles ou soignants, tous ceux qui font l'entourage d'un patient, devraient savoir qu'il suffit parfois d'un mot, d'une attention, d'une attitude, pour apporter à un malade cette petite dose de stress positif qui lui donnera dans son combat une chance supplémentaire. Celle qui, peut-être, le fera basculer du bon côté.

LE STRESS EST LA MALADIE DU CHANGEMENT

On pourrait dire que le stress est la maladie du bouleversement, le syndrome de la difficulté, inhérente à la nature humaine, de subir un changement brutal ou important et, pire encore, des changements successifs.

Tout changement est facteur de stress. Bon

ou mauvais, cela dépend de son intensité et de la qualité de la réaction d'adaptation nécessaire.

Notre environnement, la société dans laquelle nous vivons se transforment sans cesse selon un mouvement qui dépasse souvent notre capacité d'adaptation et notre rythme biologique. On n'a pas le temps de s'habituer à un objet, à une technique, qu'ils sont déjà remplacés. Nos sociétés industrielles sont en état de mutation permanente. Mais **l'homme moderne n'assume pas toujours harmonieusement le progrès technique et surtout l'évolution des mœurs.** On parle de conflit des générations, il y a surtout conflit entre les valeurs traditionnelles et l'évolution sociale. Les sociétés vont plus vite, souvent, que les mentalités.

Pourtant, l'être humain n'a plus le choix : il doit s'adapter ou disparaître, car il est impossible d'arrêter le progrès. Pour survivre, l'homme doit donc accélérer son processus d'adaptation, psychologique et biologique, vivant ainsi un stress permanent. Un changement désiré, préparé, accepté, est agréable, positif, au moins s'il n'implique pas un réel bouleversement et ne met pas en jeu des mécanismes d'adaptation importants.

Un changement imprévu, brutal, et surtout des changements successifs nous obligent à une « gymnastique » interne, psychologique et physiologique, fondamentalement contraire à notre nature. La mort subite d'un proche est évidemment un stress important. Mais il en est d'autres, parfois moins évidents, et pourtant dangereux en ceci qu'ils menacent l'ordre bien établi, la sérénité programmée de notre milieu intérieur.

Le divorce est d'autant plus stressant qu'on ne l'a pas voulu, mais le mariage est lui-même un stress non négligeable. La retraite quand elle n'est pas préparée, et une mutation professionnelle, même s'il s'agit d'une promotion, sont des stress importants, tout comme l'évolution rapide des méthodes de travail et des connaissances si elle n'est pas accompagnée d'un recyclage, lequel peut être à son tour source de contraintes et d'un stress d'autant plus important que l'on est plus âgé.

Le travail de nuit, qui bouleverse les rythmes biologiques, est toujours mal supporté par l'organisme s'il se prolonge. Les chronobiologistes estiment qu'il est indispensable d'avoir au moins une nuit normale de sommeil après deux ou trois nuits de travail, sous peine de dérégler gravement l'horloge biologique de l'individu. Des voyages fréquents, des dépaysements trop rapides sont autant de stress pour les transplantés, hommes d'affaires ou hôtesses de l'air, obligés d'affronter des milieux socioculturels, des habitudes, des langages, des mœurs et une nourriture différents. S'y ajoutent les changements climatiques brutaux, les décalages horaires et, finalement, tout changement d'habitude trop rapide ou trop souvent répété. Car tout changement requiert l'attention, provoque des réactions d'adaptation psychologique, physique et biologique. Or la nature de l'homme est d'être casanier et, lorsqu'il modifie ses habitudes, il se produit une perturbation des stimuli familiers que le cerveau reconnaissait sans effort.

Il faut savoir que, biologiquement, toute situation nouvelle entraîne une réaction d'attention, de vigilance, accompagnée dans un premier temps d'une sécrétion accrue d'adrénaline dont on connaît les effets secondaires sur le système cardio-vasculaire et, dans un deuxième temps, d'une accumulation de cortisol dont on connaît aussi les méfaits. À l'inverse, une situation familière s'accompagne d'une diminution de la sécrétion d'adrénaline et n'entraîne pas de sécrétion anormale de cortisol.

L'ÉCHELLE DU STRESS

Puisque tout changement est un stress, pourquoi ne pas mesurer, quantifier ces changements ? C'est fait.

Deux psychiatres américains, les docteurs Holmes et Roche, ont codifié une échelle du stress en fonction du changement vécu. Ils ont établi une évaluation des principaux événements socio-professionnels et personnels en fonction de l'importance de chaque événement et du changement qui s'ensuit. Cette échelle a été déterminée à partir de l'appréciation subjective, par un échantillonnage représentatif et statistiquement valable, de différents événements survenus dans la vie du sujet durant les dernières années, prenant comme base moyenne de référence le mariage, qui équivaut à une dose de stress de 50 points, la mort du conjoint correspondant à 100 points et un licenciement à 47 points.

Ce tableau fait ressortir l'importance du nouveau, de l'inconnu dans les causes importantes du stress. Il tient compte non seulement d'événements malheureux, comme le décès d'un proche ou la maladie, mais aussi d'événements heureux, comme la naissance d'un enfant ou le mariage, qui constituent également des bouleversements majeurs. Car, quelle que soit la nature du changement, celui-ci exige une adaptation à la situation nouvellement créée. Et plus le changement est important, plus le rythme des changements est accéléré, plus l'exigence d'adaptation est grande, et plus le stress est important.

DOSE DE STRESS EN FONCTION DU CHANGEMENT

Mort d'un conjoint	100
Divorce	73
Séparation d'avec sa femme ou son mari	65
Temps passé en prison	63
Mort d'un parent proche	63
Blessure ou maladie	53
Mariage	50
Licenciement	47
Réconcilation (avec sa femme ou son mari)	45
Retraite	45
Ennui de santé d'un parent proche	44
Grossesse	40
Problèmes sexuels	39
Arrivée d'un nouveau membre dans la famille	39
Problèmes d'affaires	39
Modification de situation financière	38
Mort d'un ami intime	37
Changement de situation	36
Multiplication des disputes conjugales	35
Hypothèque ou dette de plus de 50 000 F	31
Saisie d'une hypothèque ou échéance d'un emprunt	30
Changement de responsabilités professionnelles	29
Fils (ou fille) quittant la maison	29
Problèmes avec les beaux-parents	29
Exploit personnel marquant	28
Épouse se mettant à travailler ou s'arrêtant	26
Début ou fin de scolarité	26
Changement de conditions de vie	25
Modification d'habitudes personnelles	24
Difficultés avec un patron	23
Changements d'horaires ou de conditions de travail	20
Déménagement	20
Changement d'école	20
Changement de loisirs	19
Changement religieux	19
Changement d'activités sociales	18
Hypothèque ou emprunt de moins de 50 000 F	17
Changement dans les habitudes du sommeil	16
Changement de rythme des réunions de famille	15
Changement des habitudes alimentaires	15
Vacances	13
Noël	12
Amendes ou contraventions	11

Car c'est le changement qui fait le stress, et non la nature du changement.

Cette mesure quasi mathématique de la dose de stress est évidemment approximative et doit être interprétée avec beaucoup de prudence. Elle est néanmoins indicative. Les sujets qui totalisent à un moment donné un chiffre supérieur à 300 présentent un risque important de maladie grave dans les deux années à venir. Ceux qui ont un score de 150 à 300 sont également candidats à de sérieux problèmes de santé.

Ce qu'il faut retenir, c'est qu'il existe un rapport étroit entre la somme des changements survenus dans la vie d'un individu et la fréquence de la maladie et de la morbidité.

On sait aujourd'hui que des stress trop nombreux ou trop importants, dépassant les capacités physiologiques d'adaptation d'un individu, peuvent provoquer un infarctus, un ulcère, une dépression nerveuse, un cancer, une maladie de la peau... Des études menées à Stockholm sur un groupe témoin par le Dr Lennart Levi ont montré que les personnes ayant subi des changements de travail importants avaient quatre fois plus d'infarctus du myocarde un an plus tard que les autres.

Chez les Japonais émigrés aux États-Unis et ayant adopté un mode de vie socioculturel américain, les maladies coronaires sont deux fois et demie plus fréquentes que chez d'autres Japonais vivant également aux États-Unis mais ayant conservé un mode de vie traditionnel.

Ne tirons pas trop vite de ces exemples la conclusion que l'immobilisme et la résistance à toute forme de changement sont les fondements d'une vie équilibrée. Mais **admettons qu'il y a de la sagesse à ne pas se croire au-dessus des lois de la nature et sachons préparer, admettre, « digérer » les changements inévitables** et le mot, de bon sens, dit bien qu'un changement doit être assimilé, intégré par l'organisme, pour être enfin vécu positivement.

STRESS DES VILLES

Parmi les contraintes et les difficultés que l'homme s'est imposées à lui-même par défaut de discernement, les moindres ne sont pas celles liées aux conditions de vie des grandes villes. Loin de moi l'idée de prôner le retour aux sources et à la nature, le rousseauisme et la campagne pour tous comme panacée. Certains agriculteurs pourraient témoigner que la terre, le rythme des saisons, le dur travail physique ne sont pas forcément la facilité.

Mais, parce qu'elles ont grandi économiquement plus qu'humainement, les grandes métropoles étouffent souvent les hommes qui y vivent. Quand il faut une heure, ou deux, ou trois pour se rendre chaque jour à son travail et en revenir, quand il faut se battre pour stationner, faire la queue au restaurant et au cinéma, supporter l'agressivité ambiante, perdre son temps sur des périphériques saturés, on s'épuise vite et les stress accumulés fragilisent au point que les événements quotidiens prennent une ampleur souvent excessive. Des difficultés professionnelles ou conjugales banales deviennent, dans ce contexte, insurmontables. Et les cabinets médicaux sont envahis par des gens dont les symptômes variés n'expriment rien d'autre qu'un intense ras-le-bol de leurs conditions de vie.

EN FAIRE TROP

C'est notre pire ennemi. Dire de quelqu'un qu'il « en fait trop » prend à notre époque des allures de compliment. Se dépasser, se surmener est le privilège des battants dans une société dont les valeurs fondamentales sont le dynamisme et l'efficacité, et le credo : « Le temps, c'est de l'argent. » Reste que **l'excès en tout, à défaut d'être un péché, est un stress majeur.** Certains veulent tout faire au point de le faire en même temps : ils travaillent en mangeant, écoutent la radio en lisant, téléphonent en se rasant ou en conduisant et réfléchissent à leurs dossiers en cours quand ils se « détendent » le dimanche en famille. Un jour ceux-là craqueront, plus vite et plus fort que les autres, plus gravement aussi. Parfois le corps se venge.

OU PAS ASSEZ

La solution n'est évidemment pas à l'autre extrême : **l'inactivité et l'ennui sont tout aussi stressants que le surmenage** et l'activisme. Certains sont stressés de n'avoir aucun stress : dans une vie insipide où rien ne se passe, où chaque jour est identique à l'autre, sans agressivité, sans conflit ni même contradiction, l'homme souffre, s'inhibe, s'abîme dans la morosité. Car il a besoin d'une dose de « mauvais » stress et d'émotion. Il lui faut une stimulation qu'il va chercher, à défaut d'autre chose, dans les nouvelles catastrophiques que dispensent généralement la radio et la télévision. La passion de nos contemporains pour les potins, les faits divers, les scandales, montre assez à quel point ils ont besoin de sensations, fût-ce par médias interposés.

La solitude, l'isolement, particuliers eux aussi aux grandes villes, créent parfois une telle absence de communication que l'être humain dépérit. Dans les prisons, l'isolement est une punition, la pire dans un milieu carcéral pourtant si dur et si violent que la plupart ne s'y habituent jamais.

Sans aller jusqu'au masochisme, il faut admettre que **l'absence totale de contrainte, de challenge et de motivation est une cause de mal de vivre aussi importante que l'excès de compétition.** Ne serait-ce que parce que le calme plat signifie que l'on n'a pas non plus de gaieté, de réussites, d'émotions agréables, de stimulations positives qui secouent et donnent envie de vivre et de se battre.

Ainsi le stress peut-il naître aussi bien d'un excès de stimulations négatives que de l'absence de stimulations positives.

LES INSATISFAITS

L'un des meilleurs exemples en est sans doute l'insatisfaction latente, le désintérêt, le manque d'appétit de vivre. Certes, bien peu peuvent se targuer de faire ce qu'ils veulent, quand ils veulent, comme ils le veulent. La plupart d'entre nous vivent de compromis et supportent les échecs grâce aux bons moments qui les compensent.

Le vrai stress commence lorsque les frustrations prennent le pas sur des plaisirs infimes ou inexistants. On souffre quand on n'a aucun goût pour ce que l'on fait, ni d'ailleurs pour quoi que ce soit. Ceux que tout ennuie, qui ne se plaisent nulle part et passent leur vie à chercher autre chose ou quelqu'un d'autre, à rêver d'un ailleurs sans savoir très bien lequel, ruminent une vraie déprime, maladie du stress, génératrice de troubles divers qui, tôt ou tard, apparaîtront. Ils sont parfois pauvres, souvent riches. Le milliardaire américain Hugh Heffner, inventeur de *Play Boy* et père des « bunnies », vécut ainsi la moitié de sa vie enfermé et seul dans une chambre d'hôtel faute de savoir quoi faire. « J'sais pas quoi faire. Qu'est-ce que je peux faire ? » ânonnait l'héroïne d'un film de Godard. Symbole de la détresse de tous les sans-but, sans-rêve, sans-désir. Les insatisfaits sont, disait Hans Selye, « les véritables pauvres de l'humanité ».

Sans but, sans objectif, sans motivation, il n'y a pas de satisfaction, pas de stimulant et la vie devient vide de sens.

Sans stimulant, l'individu risque d'avoir recours à des solutions révolutionnaires ou destructrices pour lui-même ou les autres.

Stress de l'hygiène de vie

Dans nos civilisations occidentales et urbanisées, les grands stress physiques sont devenus plutôt rares. Remplacés par cet autre stress qu'est l'oubli d'un corps que l'on n'utilise plus qu'avec parcimonie. Immobile, inactif, le corps du citadin dort d'un mauvais sommeil et souffre d'être brimé, empêché de s'exprimer et de s'extérioriser. De lits trop mous en fauteuils « ergonomiques », de canapés profonds en sièges de voiture plus ou moins bien conçus, il se tasse, se hisse en ascenseur, s'avachit sur des coussins trop bas, se ramollit. Muscles flasques, fonctions internes ralenties, le corps vit au dixième de ses possibilités, mal oxygéné, envahi par les graisses et les toxines qu'il n'élimine plus, ou mal. Si à ces conditions de vie sédentaires, qui sont celles de la plupart des citadins, s'ajoute une hygiène de vie — en particulier nutritionnelle — déplorable apparaissent vite des troubles fonctionnels qui dégénèrent, si l'on n'y prend garde, en véritables maladies organiques.

Il serait malhonnête de toujours accuser la vie, les autres, les circonstances, le contexte. Notre façon de vivre dépend de nous. Et le moins que l'on puisse dire est que beaucoup ne se ménagent pas.

DES ACTIVITÉS PAS D'ACTIVISME

Si l'absence d'activité physique est stressante par défaut, l'excès de sport est non moins stressant par overdose.

Le sport est une soupape de sécurité. Il permet de « décompresser », d'éliminer en la « consommant » l'énergie produite en excès par le stress psychoémotionnel. Il procure à ceux qui en font un défoulement nerveux et un sentiment d'apaisement.

Mais trop de sport pratiqué sans entraînement, des efforts intenses dépassant les possibilités de l'individu, une compétition difficile et les moments de trac qui la précèdent, provoquent une sécrétion anormale d'adrénaline et de cortisol, les hormones du stress. Le cortisol produit en excès chez les sportifs professionnels lors de compétitions importantes, comme le Tour de France par exemple, diminue les défenses immunitaires, favorisant ainsi l'apparition d'affections cutanées, très fréquentes chez les coureurs cyclistes. D'après le professeur Michel Rieu, spécialiste de médecine sportive, les champions de haut niveau doivent être considérés, même en dehors de l'anxiété qui accompagne la préparation des compétitions, comme en état de stress chronique entretenu par l'intensité de leur entraînement. « Ces sportifs, dit-il, doivent être surveillés régulièrement parce qu'ils sont à la merci de n'importe quelle conséquence due à cette situation. »

Anton Luger, endocrinologue au National Institute of Health à Washington, a montré que les sportifs très entraînés, comme les coureurs de fond, ont des taux très élevés de cortisol et peuvent être, pour cette raison, considérés comme des déprimés latents, ou qui s'ignorent. Ceux qui courent plus de soixante-dix kilomètres par semaine ont, lors de l'épreuve, un taux de cortisol et d'ACTH multiplié par quinze. Mais ce taux ne revient pas à la normale après la compétition, il reste supérieur de 70 % à la moyenne.

Ce que les athlètes surentraînés, parfois depuis l'enfance, supportent mal traumatise gravement des bureaucrates, des intellectuels ou des employés de bureau pris d'une frénésie d'activités sportives le dimanche matin ou pendant leurs vacances. La mode de l'aérobic a fait plus de ravages qu'on ne le dira jamais et le body building a, à ma connaissance, plus démoli qu'il n'a construit.

TABAC, CAFÉ, ALCOOL : LE TRIO INFERNAL

Dire que l'excès de tabac, de café et d'alcool est une hérésie pour la santé humaine pourrait paraître inutile tant on l'a dit et redit, si l'on ne s'apercevait qu'aujourd'hui encore, et malgré les avertissements répétés, l'alcool et le tabac sont à eux seuls responsables d'un cancer sur deux. Ce qu'on sait moins, c'est que le tabac, le café, et surtout l'alcool ont sur l'organisme les mêmes effets induits que le stress.

Des études faites sur des animaux et sur des hommes montrent que l'absorption d'alcool entraîne une augmentation de l'activité du système sympathique et une excitation des glandes surrénales, soit l'équivalent d'une réaction de stress. Il en résulte une sécrétion accrue dans le sang de cortisone et d'adrénaline avec ses conséquences. L'alcool entraîne également une augmentation secondaire des acides gras plasmatiques libres et des triglycérides (c'est-à-dire des graisses dans le sang).

Le stress provoqué par l'ingestion d'alcool est différent selon qu'il s'agit d'un sujet normal ou d'un intoxiqué chronique. Dans le premier cas, le stress est biologiquement temporaire ; pour certains, c'est même un bon stress au plan psychologique à condition que l'absorption d'alcool soit modérée (moins de deux verres de whisky par jour).

L'éthylisme véritable est un stress chronique exprimé biologiquement par une tension permanente du sympathique et une sécrétion d'adrénaline de base toujours supérieure à celle des sujets normaux (travaux du professeur Klepping de Dijon). Le sevrage lui-même est stressant ; il s'accompagne d'une remontée brusque et importante de cortisol traduisant la réponse des glandes surrénales à un stress majeur.

Quant au café, son absorption provoque une augmentation instantanée et importante de la sécrétion d'adrénaline et de noradrénaline. D'après les expériences pratiquées par le professeur Lennart Levi sur des étudiants à qui il a fait absorber des quantités importantes de caféine (jusqu'à 900 mg/jour pendant plusieurs jours), il ne semble pas que cette élévation du taux d'adrénaline soit durable puisque les dosages pratiqués le lendemain de l'absorption de café montrent qu'il s'est normalisé, mais les conséquences subsistent et s'additionnent.

Tabac et alcool, en particulier, détruisent la réserve de vitamines et de minéraux du corps humain, ce qui implique que chez les buveurs et fumeurs ces éléments indispensables au bon fonctionnement du métabolisme soient supléés.

NOURRIR SON CORPS, C'EST NOURRIR SON CERVEAU

Nourrir son corps, c'est aussi nourrir, d'une certaine façon, son esprit car il existe des interrelations étroites entre le physique et le psychique, le somatique et l'intellectuel. La sagesse hindoue est sans doute l'expression la plus évoluée d'une religion philosophique autant que sacrée. La « sérénité » du peuple indien et sa vertu d'indifférence ont peut-être quelque chose à voir avec les siècles de malnutrition qui ont marqué ce pays.

Un être humain est approximativement composé de 50 trillions de cellules, et de la chimie de ces cellules dépend qu'il soit malade ou en bonne santé. À chaque instant, un quart du sang du corps irrigue le cerveau qui a besoin de 30 % de plus de glucose et d'oxygène que les autres parties de l'organisme. Il a besoin aussi de grandes quantités d'éléments nutritifs au point que, s'il en manque, nous ne pouvons ni penser de façon correcte, ni nous concentrer.

Notre façon de penser, de sentir, de percevoir dépend de notre santé physique et biolo-

gique, c'est-à-dire de notre état nutritionnel.

Des expériences ont montré qu'une nutrition saine, variée, équilibrée, pouvait améliorer l'état de certains malades mentaux.

Le cerveau est un organe merveilleusement complexe dont les centres supérieurs véhiculent nos pensées et commandent nos réactions conscientes et inconscientes grâce à des hormones et à des neuro-transmetteurs qu'il fabrique et dont la plupart ne sont pas encore identifiés. Les « matières premières » qui permettent à notre cerveau de produire les sécrétions hormonales sont les aliments que nous mangeons et l'air que nous respirons.

Quand nos cellules ne reçoivent pas les éléments nutritifs indispensables, il se produit sur l'organisme une charge de stress très importante.

Une condition indispensable pour combattre le stress est donc de se nourrir le mieux possible.

À l'inverse, le meilleur moyen de se détruire est de se nourrir en dépit du bon sens. En ce domaine les exemples sont innombrables, mais la palme revient sans conteste aux hydrates de carbone raffinés : sucres blancs, pain blanc, farine blanche, et aux graisses. Car, si la suralimentation comme la sous-alimentation sont novices, dangereuses et largement connues, la « mal bouffe » généralisée qui caractérise cette fin du XXe siècle est tout aussi nocive mais beaucoup moins admise et reconnue comme telle. Pourtant **un régime alimentaire déséquilibré fragilise les défenses de l'organisme et augmente sa vulnérabilité au stress.**

Certains aliments sont aussi stressants qu'une agression psychologique ou émotion-

nelle car ils provoquent une réaction biologique excessive destinée à corriger le déséquilibre biochimique et métabolique dû à l'aliment intégré.

■ Aliments stresseurs

L'équilibre de notre milieu intérieur dont dépend notre santé exige que restent constants certains paramètres sanguins comme le taux de sucre, de graisses, d'acide urique, d'urée, le Ph, etc.

La constance de ces paramètres dépend à la fois de ce que nous mangeons et de la qualité de la correction réalisée en fonction de cet apport par nos organes grâce à leurs sécrétions hormonales.

Si nous mangeons du sucre, le taux de sucre dans le sang s'élève immédiatement provoquant une sécrétion par le pancréas de l'hormone hypoglycémiante, l'insuline, qui fait à son tour baisser le taux de sucre pour le ramener à la valeur normale. Parfois cette baisse est excessive, ce qui représente un autre stress biologique, qui, lui, fera intervenir des mécanismes régulateurs hyperglycémiants comme la sécrétion, par la médullo-surrénale, d'adrénaline qui agit au niveau du foie en y libérant le sucre stocké.

Ces différentes sécrétions hormonales sont d'autant plus intenses que les corrections à apporter sont plus importantes, c'est-à-dire que les erreurs diététiques sont plus grandes. Dans notre exemple, la stimulation du pancréas et de la médullo-surrénale sera proportionnelle à la quantité de sucre ingérée.

Le sucre, et plus généralement les hydrates de carbone raffinés, sont des aliments stresseurs dont l'absorption provoque une réaction brutale de régulation.

À l'origine, le sucre est noir. L'homme l'a

dénaturé en le purifiant et en le rendant blanc. Il en est de même pour la farine, qui est naturellement noire quand elle est mélangée au son, pour le riz et les autres céréales. Tous les aliments fabriqués à base de farine blanche, les pâtes par exemple, sont stresseurs en raison de leur teneur en sucre non naturel et directement assimilable. Aux hydrates de carbone raffinés, il faut préférer les céréales complètes, les fruits ou les légumes (la pomme de terre, par exemple). Parce qu'ils sont métabolisés et absorbés plus lentement — on les appelle les sucres lents —, ils ne provoquent pas de réaction brutale et encore moins excessive de régulation métabolique. Ils sont en revanche hautement énergétiques : ils sont la nourriture de prédilection des sportifs et, avantage non négligeable, ne font pas grossir.

De surcroît, alors que le « bon » sucre, puissant reconstituant des muscles et du système nerveux, favorise la résistance à l'effort, les « mauvais » sucres inhibent l'absorption de nombreux minéraux, le manganèse, le zinc, le chrome, provoquant des carences elles-mêmes responsables de différents troubles.

Un regard vers les États-Unis, une balade au rayon douceurs d'un hypermarché bien français, et l'on comprend que si le sucre est l'ennemi numéro un, c'est qu'il est partout. Bonbons, glaces, biscuits, gâteaux, yoghourts et autres fromages blancs, le goût des enfants est formé dès le biberon : même les farines qu'on ajoute au lait sont sucrées. Mais s'il est le plus dangereux et le plus répandu, il n'est pas le seul : d'autres « aliments stresseurs » sollicitent les mécanismes régulateurs de l'organisme :

— **les graisses saturées,** représentées principalement par les graisses animales : beurre, laitages et poissons gras, viandes grasses et surtout viandes rouges, auxquelles on préférera les graisses non saturées d'origine végétale (attention pourtant aux graisses cachées, notamment aux fritures) ;

— **les protides,** lorsqu'on les consomme en excès ou, au contraire, insuffisamment ;

— **le sel et les sauces en excès.**

Les aliments sont biologiquement stresseurs par leur teneur excessive en mauvais sucres et mauvaises graisses, ou par leur pauvreté en éléments nutritifs essentiels : acides aminés, vitamines et minéraux.

L'ALIMENTATION ANTISTRESS

Un régime diététique antistress doit privilégier les sucres naturels non raffinés, contenir la quantité de protides nécessaire (un gramme par kilo de poids), un peu de graisses non saturées et très peu de graisses saturées. Il est important de tenir compte aussi de l'aspect de l'aliment, de sa fraîcheur ou de son mode de conservation qui déterminent sa teneur en éléments nutritifs, notamment en vitamines et sels minéraux, souvent détruits par la conservation ou une trop longue cuisson.

Stress psycho-émotionnels

Ce sont les plus fréquents. Stress du sentiment, du moi affectif, de « l'âme », les stress d'origine psychologique ou émotionnelle sont de loin les plus répandus et les plus meurtriers.

Provoqués par une émotion, une tension ou un malaise psychologiques, ils sont inévitables et font partie intégrante de notre vie familiale, sociale, professionnelle.

Il y a stress psychologique chaque fois que l'on est :

- **insatisfait** de soi, de sa vie, de son comportement, de son travail, de son résultat, de ses relations avec les autres ;
- **déçu ;**
- **contrarié ;**
- **contraint ;**
- **humilié,** et plus encore humilié publiquement ;
- **frustré,** que cette frustration soit matérielle, intellectuelle, affective, sexuelle ;
- **trompé, ou trahi ;**
- **incompris ;**
- **bafoué,** ridiculisé, désavoué, blessé, méprisé.

Il y a stress psycho-émotionnel chaque fois que la relation humaine devient :

- **difficile ;**
- **pesante ;**
- **conflictuelle ;**
- **tendue ;**
- **compétitive ;**
- **inégale,** c'est-à-dire où l'un est dominant et l'autre dominé ;
- **source de malentendu.**

Dans tous ces cas, le stress psycho-émotionnel est souvent durable, latent et destructeur parce qu'on ne parvient pas à s'en débarrasser.

On le retrouve dans de très nombreuses situations professionnelles, conjugales, relationnelles...

Pour schématiser, nous distinguerons :

— le stress professionnel ;
— le stress conjugal et familial ;
— le stress relationnel.

LE STRESS PROFESSIONNEL

36 % des Français se plaindraient de problèmes professionnels et d'une mauvaise adaptation à leur travail. Dans certaines usines de composants électroniques, 25 % des femmes OS travaillant à la chaîne sont sous anxiolytiques. Entre les deux, des millions de Français ont mal à leur « job », et donc mal à l'âme. Ils souffrent de leur travail, de ses conditions, de son organisation, ou d'inadaptation, à moins que ce ne soient des exigences de leur employeur ou de conflits de personnalités, mais le résultat est le même : stress, donc troubles, malaises et maladies.

Le stress professionnel coûte cher aux entreprises et à la société, et commence à inquiéter sérieusement les médecins du travail qui constatent depuis quelques années une recrudescence importante des ulcères, de l'hypertension artérielle, des maladies cardiaques et des suicides..

Trois événements : le chômage, la faillite, le contrôle fiscal sont, dans la vie professionnelle, des stress majeurs.

■ Le chômage

On en parle souvent, mais sans doute ne peut-on le comprendre vraiment que s'il vous atteint. **Le chômage est pourtant un des stress les plus graves de notre société.** Il crée une situation dramatique et dévalorisante, car, en plus de ses moyens de subsistance, il prive l'individu de sa motivation principale et d'un moyen indispensable pour s'affirmer et s'accomplir en société. Le stress est toujours accru par le sentiment d'impuissance, d'injustice et de solitude ressenti par le chômeur, et son incapacité à savoir quelle en sera l'issue. Cette inconnue permanente, pesante, accroît encore la déstabilisation psychologique et le mal de vivre de l'homme privé de travail. Si le chômage dure, le stress s'installe, devient chronique, et fait courir à l'individu des risques graves.

Le chômage est insupportable à tout âge. Chez les jeunes, il installe le doute, il provoque la perte de toute confiance en soi. Entre 40 et 55 ans, il est perçu comme un rejet, une ingratitude, un abus de la part de l'entreprise qui a « profité » de la jeunesse et du savoir-faire de celui qu'elle rejette aujourd'hui. Et, s'il est parfois mieux vécu lorsqu'il survient quelques années avant la retraite chez un ouvrier ou un employé, il est alors insupportable pour le cadre supérieur qui se sent frustré du « plaisir » de terminer un projet et d'atteindre son but.

Le chômage est, dans notre société, une frustration absolue, un désaveu, un déshonneur si l'on peut encore employer ce mot sans faire sourire. Source d'une agressivité à la mesure du bouleversement qu'il représente, il obère toute la vie et l'ensemble des relations du sujet, pourrissant d'abord sa vie familiale, exutoire naturel de ses déboires.

■ La faillite ou l'échec

Faillite, suicide. Enchaînement fatal, mille fois raconté. Combien de drames ont suivi le mini-krach boursier de 1987, et combien plus le maxi-krach de 1929 ? Chez ceux qui n'ont pas la force psychologique et la volonté de faire face, la faillite ou l'échec entraînent la dépréciation de soi, le sentiment qu'on n'est « bon à rien », l'angoisse existentielle du « qui suis-je ? » et du « à quoi est-ce que je sers ? ». Certains sont vulnérables, abattus après un échec banal, une affaire ratée, un contrat manqué, un travail pas réussi. D'autres, plus forts ou plus combatifs, ne baissent pas les bras, au prix d'un stress certes non négligeable, mais moins grave à tout prendre, et moins lourd de conséquences. Souvent même, le combat annule les effets du stress engendré par l'échec. J'ai vu des responsables de société faire faillite, recommencer plusieurs fois, et sortir finalement presque indemnes de troubles importants de santé.

■ Le contrôle fiscal

Autrefois on l'ignorait, aujourd'hui il fait mal, même très mal. Peut-être parce qu'on ne sait pas très bien pourquoi « il vous tombe dessus », peut-être parce qu'on a toujours quelque chose à se reprocher ou que, comme pour un inculpé, la rumeur est nuisible à ceux que l'on montre du doigt et attend rarement le verdict pour condamner.

Suspecté, « écrasé » par le représentant d'une administration toute-puissante, le contrôlé passe, sans avoir le temps de dire ouf, du rôle de chef d'entreprise responsable à celui de dominé, sommé de se justifier. Des entrepreneurs, des commerçants se suicident, des industriels mettent la clef sous la porte et licencient plutôt que de lutter. Pot de fer hier, pot de terre aujourd'hui, la rupture est totale et inévitable.

Il est évidemment d'autres causes, et multiples, de stress professionnels. Moins visibles, moins éclatantes, elles n'en entretiennent pas moins un état de stress latent et dévastateur.

Nous ne les énumérerons pas toutes, mais nous en nommerons quelques-unes qui font le pénible catalogue des souffrances éprouvées quotidiennement dans leur travail par des gens auxquels il est indispensable.

■ **L'inadaptation professionnelle**

Un travail peut être non gratifiant matériellement (salaires ou gains insuffisants) ou intellectuellement. Dans les deux cas, il devient source de stress. Or on constate que le progrès technique n'engendre pas toujours des fonctions plus valorisantes. Travail à la chaîne, mécanisé, robotisé, informatisé, parcellisé, le nombre des situations stressantes augmente au contraire. S'y ajoutent les difficultés de tous ceux qui, pour avoir un emploi, acceptent en pis-aller un travail qui ne leur convient pas. Quand le travail est fait sans enthousiasme, les résultats sont médiocres et les erreurs fréquentes. L'homme a besoin de comprendre ce qu'il fait, de lui donner un sens. Les opératrices de saisie sont plus insatisfaites et présentent plus de troubles que celles qui dialoguent avec l'ordinateur et, dans *Les Temps modernes,* Chaplin a tout dit sur les tâches parcellaires et répétitives. **Lorsqu'on a le sentiment de participer à un projet et qu'on voit l'aboutissement de son travail, même si le travail est difficile, on est satisfait, et cette satisfaction compense tout le reste :** efforts, fatigue, salaire trop bas... Le sentiment de faire œuvre utile efface, à proprement parler, une partie du stress. La gratification matérielle peut, au même titre, gommer les autres insatisfactions, causes de stress. Mais l'insatisfaction permanente est, elle, une cause importante de stress.

Le Dr Cloarec a fait une expérience sur dix ingénieurs polytechniciens soumis à un travail considéré par eux comme sans prestige, et exécuté dans un climat de tension psychologique. Dans les trois ans qui ont suivi, il a dénombré trois infarctus du myocarde dont les trois victimes ne présentaient aucun autre facteur de risque cardiovasculaire que le stress.

■ **Les pressions psychologiques intenses**

Pression-motivation du cadre auquel on fixe des objectifs trop élevés, ou pression permanente de l'autoritarisme du patron sur la secrétaire ; dans certaines entreprises, la pression psychologique atteint des normes inquiétantes. Stimulatrice pour certains, les battants toujours prêts à faire plus, elle est totalement inhibitrice pour d'autres qui perdent totalement leurs moyens.

Pour les deux elle signifie, à plus ou moins brève échéance, troubles du sommeil, psychosomatiques ou cardio-vasculaires, dépression, ulcère, rhumatismes...

■ **Le surmenage**

C'est la conséquence inéluctable de la pression psychologique et de l'excès de travail.

Les cadres et les responsables d'entreprise ont le « privilège » d'accumuler ces deux facteurs. En France, ils ont atteint le taux d'absentéisme le plus bas : quatre jours et demi contre treize pour la moyenne nationale.

Plus on monte dans la hiérarchie, moins on compte ses heures de travail journalier. Douze, quatorze heures sont monnaie courante ; certains se félicitent d'en faire plus, et même en rajoutent le week-end, croyant sans doute se placer pour les jeux Olympiques du responsable le plus performant alors qu'ils ne font qu'user plus vite leur énergie et leur jeunesse. Tôt ou tard, ils commenceront à mal dormir, leur tonus baissera et ils s'éveilleront fatigués. Malheureusement, rien ne les arrête, ils continuent sur leur lancée jusqu'à « la panne». Les choses deviennent alors plus sérieuses et le traitement souvent moins efficace.

Certaines secrétaires de direction suivent le même parcours du combattant que leur patron, mais la panne chez elles arrive souvent plus tôt. La motivation qui fait tenir les responsables n'est peut-être pas la même, la gratification non plus. **Une charge trop importante de travail est un facteur de risque cardio-vasculaire qu'il ne faut pas sous-estimer,** surtout quand on appartient à une catégorie à risques comme c'est souvent le cas pour les cadres et les dirigeants ; pour les femmes aussi, surmenées par leur double vie, moitié bureau moitié maison, et pour qui s'ajoute la frustration affective de ne pas passer assez de temps avec leurs enfants.

■ Le poids des responsabilités

Plus les responsabilités sont grandes, plus le stress est important, plus la décharge d'adrénaline et de cortisol est grande.

Les aiguilleurs du ciel, par exemple, qui ne peuvent rester plus d'une heure devant leur écran de surveillance, sont une cible parfaite pour le stress et des candidats privilégiés aux ulcères de l'estomac et aux maladies cardio-vasculaires : leur longévité moyenne est inférieure de seize ans à la moyenne nationale et ils meurent souvent de maladie cardiaque. Les conducteurs de la SNCF, régulièrement mis sur la sellette lorsque se produit un accident, vivent en état de vigilance et de stress permanent et l'appréhension du «coup dur» ne risque pas de les détendre.

Accumuler les responsabilités revient à accumuler les facteurs de stress.

Qu'elles soient assumées par le conducteur d'un bus scolaire ou un *golden boy* jonglant avec la fortune des autres, la facture est souvent la même : troubles cardio-vasculaires précoces.

■ **Surstimulation ou sous-stimulation**

La sous-stimulation professionnelle est aussi stressante que la surstimulation.

Les standardistes qui passent en quelques secondes d'un appel à l'autre développent une véritable névrose du téléphone, et leur cerveau est aussi embouteillé que leur standard. Les garçons de café au moment du coup de feu, les caissières de supermarché aux heures de pointe, les réceptionnistes et bien d'autres souffrent de cette surabondance de stimulations et d'informations que leur cerveau doit traiter très ou trop rapidement.

On a demandé à des cadres moyens d'écrire un texte tout en appuyant sur une pédale chaque fois que s'allumait un voyant lumineux. L'addition des sollicitations les a rendus plus agressifs et moins efficaces, et a provoqué chez eux une plus grande sécrétion d'hormones du stress.

La sous-stimulation, le manque de sollicitation cérébrale, l'ennui posent, en sens inverse, le même problème. **Chaque fois que l'individu est sous-employé, physiquement ou intellectuellement, il finit par présenter une baisse de performance et développer des troubles psycho-affectifs et dépressifs.** C'est une erreur de penser qu'il est bon de ne rien faire, sauf en vacances. Au contraire.

Les travaux de Walker et Guest ont montré qu'il existe un rapport entre le nombre d'opérations effectuées dans l'exécution d'une tâche et le pourcentage d'individus manifestant un faible intérêt pour leur travail. Les ouvriers d'une ligne d'assemblage qui répètent les opérations à un rythme inférieur à une minute présenteraient plus de troubles du sommeil et de symptômes dépressifs que ceux qui répètent les opérations à un rythme plus lent de trois à trente minutes.

Les activités répétitives, effectuées à un rythme imposé s'accompagnent souvent d'une baisse importante de la satisfaction dans le travail et plus généralement dans la vie.

■ Prévoir

Manager, c'est prévoir. **Et les prévisions sont un stress constant pour les dirigeants.** Il faut prévoir ses ventes pour prévoir ses fabrications, imaginer la mode dix-huit mois à l'avance, il faut deviner ce qui plaira, marchera, le temps qu'il fera et le taux des marchés monétaires. Difficile, parfois impossible à moyen terme et plus encore à long terme. Une erreur et la saison, ou l'année, est ratée. Obligé de vivre sans cesse plus loin qu'il ne peut voir et sûr d'être lourdement sanctionné s'il se trompe, le responsable supporte une angoisse permanente, un stress majeur qu'il paiera tôt ou tard.

■ Décider

Tout change, tout évolue : l'économie, le système social, les techniques, les valeurs, et en permanence l'homme d'aujourd'hui doit trier, choisir et décider. Mais, quand le rythme des informations à traiter devient trop rapide et leur masse trop abondante, se crée une saturation cérébrale parfois responsable d'une crise de décision. Subitement dépassé, le responsable adopte une position irrationnelle contraire à ses intérêts, plonge dans un état d'épuisement et d'apathie, abandonne, ou fait une dépression nerveuse ou une psychose.

Les travaux du Dr James G. Miller du *Mental Health Research Institute* de l'université du Michigan mettent l'accent sur les troubles mentaux provoqués par la surstimulation cognitive et sur la similitude des réactions du schizophrène et du sujet surstimulé. **Le schizophrène a du mal à traiter l'information à un rythme normal, tout comme le sujet normal a du mal à traiter l'information à un rythme accéléré.** Dans les deux cas, les erreurs commises sont semblables.

Il existe deux sortes de décisions : les décisions routinières, familières, faciles à prendre car elles ne nécessitent aucun effort d'adaptation. Et les décisions nouvelles, imprévues, évidemment plus coûteuses psychologiquement. La vie est un mélange de ces deux types de décision. **Aucune décision à prendre, et l'homme vit un stress important par démotivation. Trop de décisions non programmées, et c'est le surmenage.**

Dans une expérience devenue classique, Brady a confié à un singe dit « cadre » la responsabilité d'éviter un choc électrique qui lui était donné à lui mais aussi à un autre singe, dit « ouvrier ». Pour ce faire, le singe cadre devait prendre la décision de pousser à chaque fois un levier pendant un temps donné. Ce singe qui prenait la décision a présenté des ulcères de l'estomac, l'autre, qui n'avait pas de décision à prendre fut épargné.

L'homme, on le sait, n'est pas si différent du singe.

■ Subir

L'absence de maîtrise de ce que l'on fait en particulier et de la situation en général est, d'après le Dr Lennart Levi, le stress dénominateur commun à tous les stress professionnels. Elle peut être due à un manque de compétences ou d'adaptabilité, ou à une insuffisance d'informations, ou à toute autre cause, peu importe. Chaque fois que l'on ne domine pas son sujet, sa méthode ou sa tâche, on devient tendu, nerveux, peu sûr de soi, et on accumule les erreurs.

■ **Et encore...**

• **Les conflits relationnels** entre « chefs » agressifs, violents, obsessionnels, paranoïaques et cadres et employés sans défense. Entre un patron battant et des collaborateurs moins rapides. Entre les perfectionnistes et les laxistes, les caractériels et les autres

• **Les difficultés de communication** verticale, de la base vers la direction et inversement, ou horizontale, entre les personnes, les services, le siège et les filiales. Difficultés souvent entretenues par les conflits et les compétitions internes.

• **Une mauvaise gestion du temps,** sans horaires, sans planning, sans respect des délais nécessaires aux uns, promis aux autres.

• **Une mauvaise gestion des hommes,** sans dialogue, sans écoute, sans respect réciproque. **La difficulté de gérer des hommes est la préoccupation première de tous les dirigeants, et une cause très fréquente de stress.**

• **Les brimades,** les humiliations quand l'autorité s'impose sans justification et sans nuance.

• **La promiscuité,** fréquente lorsqu'on se retrouve à plusieurs dans des bureaux ne préservant à personne un « territoire ».

• **Les promotions trop rapides** et mal assumées, valorisantes mais inquiétantes et dépassant parfois les capacités d'adaptation de l'heureux (?) élu.

• **Les mutations**, causes de détresse lorsqu'il faut changer de ville, de vie, d'amis, et plus encore lorsqu'elles sont successives.

• **Les voyages trop fréquents**, trop courts, style Air Inter, départ à l'aube, retour à la nuit, ou trop longs, genre sept ou huit heures d'avion, décalage horaire, rendez-vous non-stop et retour sans avoir le temps ni de s'adapter ni de se reposer.

- **Le travail de nuit**, parce qu'il entraîne une perturbation du rythme biologique du sommeil, qui provoque à son tour un dérèglement des sécrétions hormonales, du métabolisme, et de l'activité cérébrale.
- **Le travail posté**, qui concerne un travailleur sur cinq : employés des hôpitaux, ouvriers d'usine à travail continu, préposés aux P et T, à la SNCF..., soumis à un rythme anormal d'activité et de repos, d'alimentation et de sommeil, auquel le fonctionnement de leurs organes, la sécrétion de leurs glandes doivent s'adapter sans cesse, sont constamment obligés de « se mettre à l'heure » pour être sur la même longueur d'onde que le commun des mortels !

D'après le Dr Alain Reinberg, la rotation rapide, tous les trois à quatre jours, est mieux supportée que la rotation hebdomadaire, et permet une meilleure récupération du sommeil et une meilleure synchronisation des rythmes d'activité surrénalienne.

- Il faut une bonne nuit de sommeil après deux ou trois nuits de travail.
- Le sommeil de jour ne remplace pas le sommeil de nuit.
- Le meilleur sommeil se situe entre 23 heures et 5 heures du matin.

Le sommeil est de mauvaise qualité dans le travail de nuit et, pire encore, dans le travail du quart du matin de 5 heures à 12 heures, qui oblige le travailleur à se réveiller très tôt. L'important sommeil paradoxal et réparateur des premières heures du jour, riche en rêves est ici sacrifié.

- Le travail de 6 heures à 13 heures est préférable : il respecte le sommeil psychologique.

La désynchronisation des rythmes biologiques est responsable de nombreux troubles pathologiques qui apparaissent tardivement plusieurs années après : irritabilité, difficulté de concentration, troubles du sommeil, fatigue, anxiété et troubles organiques polymorphes (troubles digestifs, cardio-vasculaires, etc.).

Il est bien d'autres facteurs de stress professionnels, et l'on pourrait dire : à chacun son, ou ses stress du boulot. Chacun a sa dose de pression idéale, ses doses de surpression et de dépression.

Il n'est pas toujours facile de distinguer le normal du beaucoup et le beaucoup du trop, pourtant les erreurs coûtent cher : les stress professionnels sont importants et même essentiels puisqu'ils sont une agression qui dure plusieurs heures par jour, trente-neuf heures par semaine dans les meilleurs des cas. Et si le stress majeur est, aux yeux de la société, l'absence de travail, le travail est pour l'homme, souvent, le stress numéro un.

STRESS RELATIONNELS

L'homme est un animal sociable. La solitude, l'isolement le tuent. Il a besoin de parler, de se mesurer, de se réchauffer aux autres. Si ses relations avec les autres dérapent, si les conflits s'accumulent, s'il se sent mal à l'aise, mal perçu, il développe une frustration qui, de stress en stress, le rendra malade. Au hit-parade des conflits relationnels, certains sont plus stressants, au sens biologique du terme, que d'autres, parce que plus permanents, plus douloureux, plus profondément perturbants. Un conflit ouvert, une bonne dispute, une scène font moins mal qu'une relation contraignante, durable. Mais on ne peut pas toujours tourner les talons et claquer la porte.

■ **Dominant-dominé**

La domination revêt des formes différentes, pas toujours évidentes : domination par la hiérarchie professionnelle ou sociale, les diplômes, le savoir, le niveau culturel, l'humour, la beauté, la richesse, etc. Ce type de rapport entre humain est constant, et constamment générateur de stress.

L'inégalité est aussi un des facteurs les plus stressants de la vie sociale. Il n'est pas toujours facile de dominer, il est toujours insupportable d'être dominé, d'en avoir conscience et de ne savoir comment y échapper. C'est une source de complexes, de souffrances, parfois de blocage psychologique.

Dans la relation humaine, il y a toujours, de façon patente, éclatante, ou sournoise, un dominant qui veut imposer ses vues, et un dominé qui subit. Ce genre de comportement, spontané ou volontaire, est favorisé par la société de compétition et la lutte impitoyable pour le pouvoir et le profit. Il se crée ainsi des situations toujours pénibles, agaçantes, excluant toutes les valeurs de moralité, de modestie et de respect de l'autre.

Le stress est très important chez le dominé frustré, humilié, dévalorisé. Il n'est pas négligeable non plus chez le dominant qui peut avoir secondairement un sursaut de remords ou de culpabilité pour avoir accablé et écrasé l'autre.

Les troubles psychosomatiques sont très fréquents et très importants dans ce type de stress, d'autant que le comportement de dominé est souvent un trait de caractère, comme l'est également le comportement de dominant, si bien que la relation, aussi perverse soit-elle devient habituelle, presque automatique et inconsciente.

■ L'inhibition de la réaction

L'inhibition de la réaction par absence de réflexe, peur, ou toute autre raison a été étudiée expérimentalement par le célèbre neurophysiologiste français Henri Laborit. Il en a déduit que c'est le **comportement le plus nocif** : la situation est perçue comme une agression et l'on ne se défend pas parce que l'on n'a pas pu ou su le faire, même si l'on a des raisons valables ou des excuses.

L'inhibition de la réaction au stress signifie, en clair, « encaisser sans réagir », subir sans se défendre, être totalement bloqué, inhibé par la personne ou la situation qui vous agresse.

Cette inhibition induit un sentiment de frustration et un processus de rumination, qui engendrent à leur tour une anxiété et une angoisse importantes, qui, à nouveau, nourrissent le stress. Cette anxiété se projette elle-même au niveau de n'importe quel organe et s'exprime en fin de circuit par un symptôme psychosomatique, c'est-à-dire la souffrance fonctionnelle d'un organe due à une souffrance psychologique. Celle-ci peut être de toute nature et il est parfois bien difficile de faire le lien entre la migraine ou la poussée de psoriasis et la personne ou la situation qui vous a, au sens propre, rendu malade. Mais il est sûr que le seul remède sera de régler le conflit originel et que les médicaments n'y pourront rien.

L'inhibition peut être involontaire, mode d'expression spontané de l'individu, ou volontaire, réfléchie, mais dans les deux cas, elle fait souffrir, engendre les mêmes troubles dus au même genre de stress.

■ L'absence d'affirmation de soi

« Être ou ne pas être » n'est pas la seule question ;

l'autre est : « S'affirmer ou ne pas s'affirmer ? » Si la réponse est non, l'individu est en contradiction permanente avec lui-même, personnalité étouffée, identité niée. Comme l'inhibition, la rumination et la misère morale éprouvées alors sont insupportables.

■ Agression, victimisation

Certains sont agressifs, même lorsqu'ils ne sont pas agressés. D'autres se posent en victime, même lorsqu'on ne leur en veut pas vraiment. Les deux s'en portent plutôt mal, mais les seconds souffrent un peu plus.

Agressivité, inégalité, compétitivité, incompatibilité, qu'elles soient professionnelles, personnelles ou tout simplement sociales, certaines relations sont frustrantes et pathogènes. Et chaque fois on retrouve la même cause : on ne maîtrise pas la situation, elle nous échappe. On n'est plus entendu ou on n'écoute plus, on n'est plus soi-même ou l'autre nous devient incompréhensible, le fil de la communication est rompu.

Pour comprendre les autres, il faut parfois se comprendre car notre caractère, notre tempérament, notre façon d'agir et de réagir sont souvent responsables des difficultés que nous rencontrons avec les autres. Les tempéraments types, purs, correspondant parfaitement aux normes n'existent pas. Mais chacun a des tendances et, comme on le sait, mieux vaut parfois voir la paille...

■ L'obsessionnel ruminant

L'obsession est un trait de caractère, comme la rumination est un facteur de stress pour la personne et pour son entourage. L'obsessionnel rend malheureux, il l'est aussi, victime de ses manies, de son angoisse dès qu'il doit changer ses habitudes.

La rumination entretient le processus de stress et, parce que ceux qui ressassent sans fin leurs frustrations le font de nuit comme de jour, elle est une cause fréquente de troubles du sommeil.

■ L'angoissé

Les tempéraments anxieux, angoissés, pessimistes sont plus vulnérables au stress que les tempéraments joviaux et optimistes. La moindre agression, l'attente ou l'inconnu deviennent pour eux des problèmes graves. Ils ne savent ni se détendre ni prendre leurs distances par rapport aux événements. Généralement un rien masochistes de surcroît, ils prennent presque un malin plaisir à rechercher les situations anxiogènes, et leur anxiété est si gênante et pesante, elle crée une telle tension que leur entourage en arrive très vite à ne plus les supporter. Ce qui n'est pas fait pour calmer leur angoisse.

■ Le phobique

Il hait quelque chose : le train, l'avion, la foule, les oiseaux, parfois tout en même temps. On ne sait pas pourquoi, lui non plus. Certains traitements de déconditionnement donnent pourtant aujourd'hui de très bons résultats.

■ Le négativiste

Il voit la bouteille à moitié vide, ne retient que le mauvais côté des choses, se méfie de tout et cherche la petite bête. Peur ? Sûrement, et aussi insatisfaction et anxiété. Ce mécontent chronique fait des malheureux autour de lui.

■ Le complexé

Comment communiquer quand on n'est pas sûr de soi, complexé timide ? Quand on doit fournir un effort d'adaptation important face à chaque situation nouvelle, affronter quelqu'un qu'on ne connaît pas ? Quand tout paraît difficile et qu'il vous semble qu'on ne sera jamais à la hauteur ?

■ **Le mauvais joueur**

Certains sont candidats au stress parce qu'ils n'acceptent ni l'échec ni de ne pas être toujours les meilleurs ou les premiers. Ils sont constamment en situation de défi, même lorsqu'il s'agit d'un jeu. Ils veulent briller en toutes circonstances et, comme ce n'est pas toujours possible, ils sont malheureux et font payer aux autres ce qu'ils sont les seuls à considérer comme des échecs. Être second les met en situation d'infériorité et de stress. Il est peut-être louable de vouloir progresser et même, pourquoi pas, être le meilleur... à condition d'avoir la sagesse et la modestie d'accepter que le contraire puisse également arriver, sans le ressentir comme une catastrophe épouvantable et un échec personnel.

■ **Le peureux**

La peur est un stress latent engendré par une cause consciente d'insécurité ou d'appréhension, ou par des facteurs inconscients programmés depuis l'enfance. La peur de la solitude, du méchant loup, du voleur ou des fantômes est souvent le résultat de cette programmation, favorisée par certains contes pour enfants ou certaines menaces dont les parents devraient se méfier. La peur s'accompagne d'une introversion qui entretient l'anxiété et l'angoisse qu'il vaut mieux exorciser par le cri, le chant ou la parole à haute voix.

Le mariage, la famille, la maison ont ceci de commun avec le travail qu'on y consacre une bonne partie de son temps. Et si l'on n'est pas heureux chez soi, il est bien difficile de ne pas y accorder d'importance. Stress important, chronique de surcroît, le stress familial a une implication affective, sentimentale, qui évidemment décuple ses effets.

■ L'échec conjugal

Rater son mariage est pire que de ne pas réussir dans son travail : on peut toujours changer d'emploi, même de métier, sans que ce soit un drame, mais un divorce est rarement satisfaisant.

Difficile d'accepter les conséquences de la rupture d'un couple, et plus encore de trancher. On veut partir pour mettre fin à un conflit, ou parce qu'on en a assez, mais sans faire de peine, sans blesser et sans quitter les enfants. Ou rester, sans rien donner de soi ou en acceptant la frustration de ce qu'on ne reçoit pas. Prisonnier d'une dialectique dramatique, d'une détresse sans issue, on regrette d'en être arrivé là.

■ Le conflit conjugal

On n'entend évidemment pas par tension conjugale ces petits conflits normaux inhérents à la vie commune mais la relation conflictuelle permanente qui s'établit lorsqu'un homme et une femme sont réellement différents et même antinomiques. Quand leurs origines, leurs caractères, leurs valeurs de référence, leurs cultures, parfois leurs religions les opposent. Les mariages mixtes échouent souvent ainsi, par incompatibilité profonde, irréductible, mais ils ne sont pas les seuls. Ne restent alors que la séparation ou l'enfer. Un choix difficile et dont l'un ou l'autre, ou les deux, ne se remettront que difficilement.

■ L'incapacité à vivre à deux

Certains ne s'habituent pas à vivre en couple, ne supportent ni les implications ni les obligations de la vie à deux malgré leurs bons sentiments, car ils en ont. Ils se sont d'ailleurs mariés, ils s'aiment, mais vivre avec quelqu'un est contraire à leur nature. Ils veulent être libres, rêvent de s'évader comme les prisonniers qu'ils croient être. Au passage, bien sûr, ils stresseront la personne qui partage leur vie. Elle souffrira parfois plus qu'eux et, s'ils ont des enfants, ils en pâtiront. Dangereux, car récidivistes, ils se marieront plusieurs fois, n'admettant jamais que ce n'est pas sur l'autre qu'ils se sont trompés, mais sur eux-mêmes.

■ La frustration affective ou sexuelle

La tendresse et l'amour sont les fondements mêmes du mariage. Leur absence devient vite un non-sens, une frustration surmontable seulement au prix d'une abnégation totale et d'une souffrance psychologique responsable de troubles psychosomatiques ou du sommeil, de fatigue, de nervosité, d'anxiété, de manque d'enthousiasme. L'activité sexuelle est source d'équilibre, et provoque la sécrétion par le cerveau d'hormones calmantes et euphorisantes. L'affection protège contre les mauvais stress, les ennuis, les difficultés de la vie. Une étude israélienne a montré que dans un groupe de gens ayant eu un infarctus du myocarde ceux qui bénéficiaient d'un soutien affectif présentaient deux fois moins de récidive.

L'enfant a besoin de baisers, de caresses, d'une affection prouvée, montrée. L'adulte aussi. Les troubles psychologiques de l'adolescence ou de l'âge mûr ne sont souvent que

l'expression de cette frustration. En ce sens, l'indifférence est sans doute un des maux majeurs qui puisse affecter un couple.

L'être humain a besoin d'attention, de considération et même d'admiration pour calmer son angoisse et ses inquiétudes. Le soutien moral et psychologique du conjoint est bienfaisant, encourageant, réconfortant et pallie bien des stress professionnels ou relationnels. Si l'autre nous néglige, nous devenons agressifs, renfermés, et vulnérables à toutes les agressions quotidiennes.

■ La violence

Insupportable dans tous les cas, la violence devient pathogène lorsqu'elle vient d'un conjoint ou, pour un enfant, de ses parents. La délinquance juvénile est plus fréquente chez les enfants issus d'un foyer ou régnait la terreur, les enfants martyrs font souvent des parents bourreaux, la tendresse se reçoit, se donne, se partage, elle ne s'invente pas.

■ Le divorce

On le croit généralisé, banalisé. Pourtant le divorce est neuf fois sur dix mal accepté, non seulement par celui qui ne le veut pas, mais aussi souvent par celui qui l'a réclamé. Les cas de dépression réactionnelle ne sont pas rares, comme les conflits, les drames autour des enfants, les scènes. Statistiquement entré dans les mœurs sociales, le divorce n'est pas entré dans les habitudes affectives.

■ Le veuvage

Le veuvage est dramatique à tout âge. Jeune, c'est une injustice. Vieux, un désespoir. Une étude réalisée auprès de 4600 veufs par l'*Institute of*

Commity Studies de Londres montre que la mortalité au cours de la première année, et plus particulièrement des six mois qui suivent la mort du conjoint, est de 40 % plus importante que la normale.

■ La maladie, le deuil

D'après l'échelle de Holmes de classification des facteurs de stress, la mort d'un parent direct représente une dose de stress maximum codifiée entre 70 et 100 points, ce stress étant d'autant plus important que le décès est brutal et inattendu.

Lorsque le décès survient après une longue maladie, le stress est atténué par l'adaptation progressive à la situation et à son issue éventuelle. Mais la maladie du conjoint, ou pire encore d'un enfant, est inadmissible, aggravée par la peur de l'inconnu, le difficile dialogue avec la médecine, l'angoisse qu'on vous cache la vérité ou de connaître cette vérité. Le stress de la mort s'atténue plus facilement lorsque la famille fait son « travail de deuil », ce qui est presque toujours le cas sauf lorsqu'on perd un enfant. Là est le seuil de l'inacceptable. Le stress reste là, latent et destructeur, plusieurs années ou la vie entière. Chez les personnes âgées, le cancer est la cause première de mortalité dans les six mois qui suivent un deuil. Autrefois les rites religieux permettaient aux endeuillés de trouver dans leur accomplissement un soutien, un réconfort. Aujourd'hui, la plupart ne peuvent se raccrocher à rien.

Chapitre 3

LE STRESS ET VOUS

Bon stress ou mauvais stress ? Tout dépend souvent de la réponse

Un deuil, une rupture, un conflit grave sont toujours négatifs. Une joie, une réussite, un nouvel amour sont toujours positifs. **Mais il est mille et une autres formes de stress, petits ou grands, qui ne sont que ce que nous en faisons.** Car si le mécanisme du stress est toujours le même, si les mêmes glandes endocrines sollicitées par une agression sécrètent toujours les mêmes hormones, l'intensité et la qualité de notre réaction, et le sens que nous donnons à cette agression, conditionnent bien souvent les conséquences d'un stress particulier qui deviendra, selon l'individu qui le subit et la réponse qu'il lui apporte, bénéfique ou destructeur.

Coincés un jour de grève dans le même encombrement, des automobilistes tempêtent, klaxonnent, invectivent, d'autres attendent patiemment, écoutent la radio, lisent, rêvent... Certains réagissent mal, et donc se font du mal, d'autres bien, et ainsi se protègent. La même remarque, ressentie comme une remise en cause, paralysera le faible, aiguillonnera le fort, mettant le premier en situation d'échec, poussant le second à évoluer, avancer, se perfectionner. **De notre réaction personnelle dépend très souvent qu'un stress soit positif ou négatif.**

Si nous réagissons bien, c'est-à-dire **si notre réaction est adéquate,** harmonieuse, adaptée, mesurée, proportionnelle à la situation et normalement exprimée, sans effort particulier d'adaptation et sans violence, agressivité ni inhibition, alors **le stress que nous subissons peut être appelé un bon stress,** même s'il n'est pas a priori une joie, car alors nous le supportons facilement et ses conséquences, tant psychologiques que biologiques, sont bénéfiques. Ainsi travailler est tout à fait positif si l'on fait un travail stimulant et qu'on aime, si on peut l'accomplir à son rythme et qu'on en éprouve du plaisir. Quand un artiste ou un artisan crée une œuvre d'art ou un objet, même au prix de beaucoup de travail, il en tire une satisfaction personnelle et un bon stress qui effacent la fatigue, un bonheur qui gomme les affres de la création. Un patron, un cadre, un responsable peut donner sans dommages infiniment de son temps, de son énergie, de lui-même pour voir aboutir un projet ou une négociation qui lui tient à cœur. Il en est de même d'une activité sportive quelle qu'elle soit : disputer une partie ou un match à sa mesure, à son propre rythme et non à la vitesse, ralentie ou accélérée, de son adversaire, évite ces réactions d'adaptation qui mobilisent l'esprit et obligent le corps à se défendre. Peu importent les tensions, les difficultés, la fatigue si l'on est content de soi, en accord avec ses idéaux, ses convictions ou, tout simplement, ses projets.

Toute situation vécue comme gratifiante procure un plaisir, une qualité d'émotion ou un apaisement qui agissent comme un baume sur notre organisme, améliorent son fonctionnement et stimulent son métabolisme.

Au contraire, chaque fois que notre réaction est mauvaise, inadaptée ou disproportionnée, exprimée avec violence, agressivité, colère, ou à l'inverse inexprimée, réprimée, intériorisée malgré son intensité, nous subissons des perturbations psychologiques et biologiques et **le stress est négatif.** Un travail ennuyeux, détesté, exécuté à un rythme mal supporté, une action accomplie avec une mauvaise volonté, contre son gré, une situation où l'on se sent lésé, trahi, frustré, incompris ou en contradiction avec sa personnalité profonde, exigent un important effort d'adaptation, toujours générateur de dysfonctionnements physiologiques et de perturbations psychologiques.

Dans l'un et l'autre cas, le stress initial n'est pas en cause. Sa « nature » est la même. Ses conséquences sont fonction de la réaction psychique de la personne concernée, elle-même responsable de la chaîne des réponses biologiques. La frontière entre bon stress et mauvais stress n'est autre, bien souvent, que la frontière qui sépare deux individus d'âges, de milieux et surtout de tempéraments différents. Un mauvais stress maîtrisé, contrôlé, assimilé, devient neutre, voire « bon ». Un bon stress mal dominé devient « mauvais », tout comme boire un verre de whisky ou de vin détend et favorise la production nécessaire de bon cholestérol, mais boire trop est toxique et détruit les cellules hépatiques. Se fixer des buts, un objectif, avoir de l'ambition est un moteur, un stimulant ; viser trop haut, s'épuiser à courir derrière un rêve impossible est frustrant et destructeur. Un peu c'est bien, trop c'est trop, la logique du stress n'est pas différente des préceptes qui fondent l'équilibre naturel.

STRESS
MODES DE REACTION

SOIT BONNE REACTION

ADAPTEE A LA SITUATION SANS EFFORT D'ADAPTATION

- Harmonieuse, intelligente, Proportionnée
- Ni excessive (colère, agressivité)
- Ni insuffisante

= BON STRESS

TOUT SE PASSE BIEN

- Psychologiquement (bonne expérience, bonne programmation)

→ *Satisfaction*

- Biologiquement

→ * *Sécrétion adaptée d'hormones d'adaptation*

* *Pas ou peu de dépense d'énergie d'adaptation*

PAS DE TROUBLES

= EPANOUISSEMENT

SOIT MAUVAISE REACTION

INADAPTEE A LA SITUATION AVEC EFFORT D'ADAPTATION

- Dysharmonieuse, disproportionnée
- Soit inhibition totale
- Soit agressivité gratuite.

= MAUVAIS STRESS

TOUT SE PASSE MAL

- Psychologiquement (mauvaise expérience, mauvaise programmation)

→ *Anxiété, Nervosité, Rumination*

- Biologiquement

→ * *Sécrétion inadaptée d'hormones d'adaptation*

* *Dépense d'énergie d'adaptation*

TROUBLES DIVERS

= DETRESSE

VIEILLISSEMENT

(D'après le docteur Bensabat)

L'inné et l'acquis

La qualité de la réponse à l'agression étant plus importante que l'agression proprement dite, il est essentiel de savoir ce qui la conditionne. Inné ou acquis ? Inconscient ou volonté ? Sommes-nous responsables ou victimes ? Les deux bien sûr. **L'inégalité de sensibilité au stress est le reflet de l'inégalité qui est la marque de la diversité de la nature humaine.**

Il est faux de penser que la réaction au stress d'un individu est totalement indépendante de sa volonté. Nous verrons au contraire que nous pouvons apprendre à mieux nous contrôler et ainsi positiver nos réponses aux agressions. Mais il est injuste de croire que bien ou mal réagir à un stress n'est lié qu'à sa seule capacité à dominer ses émotions. Chaque être humain porte en lui son histoire et, au-delà, celle de son ascendance. Il est le dépositaire d'un patrimoine génétique et l'acteur de ses propres expériences. On doit en avoir conscience si l'on veut parvenir à une certaine maîtrise de soi et se demander pourquoi et comment on risque de réagir avant de le faire, au risque de se retrouver dans une situation pénible.

Or cette réponse dépend de nombreux facteurs, certains innés comme le tempérament, d'autres acquis comme l'interprétation que nous faisons de la situation en fonction de notre histoire et de la mémoire, consciente ou inconsciente, de nos expériences antérieures.

Profil psychologique et réaction au stress

« Le microbe n'est rien, c'est le terrain qui est tout », disait Claude Bernard, entendant par là que, si la maladie est une cause, elle ne produit pas les mêmes effets selon la personne qui en est atteinte et que le même microbe, tenu en échec par la bonne santé de celui-ci, clouera au lit celui-là, fragilisé par quelque cause que ce soit. Il en est de même du stress auquel chacun réagit selon ce qu'on appelle en langage courant sa « nature », et que les médecins nomment « profil psychologique ».

Selon le mode de réaction au stress, on distingue ainsi trois types de comportement correspondant à trois personnalités banalement dénommées A, B, C.

Personne ne fait jamais exclusivement partie du type A, B ou C, mais chacun peut s'y reconnaître.

Pour apprendre à mieux vivre ses stress, il faut d'abord savoir quel genre de réaction on peut avoir en fonction de son tempérament, de son caractère et de ses attitudes, de son comportement spontané dans la vie. Tout comme au bridge, pour gagner une partie, il faut d'abord analyser son jeu, comprendre comment on veut et on peut l'utiliser.

TYPE A : L'EXTRAVERTI

Le meilleur exemple connu du type A est Louis de Funès, au moins tel qu'il apparaissait dans ses films, excessif, grimaçant, bouillonnant, tornade de mimiques et de gestes, toujours trop vite, trop fort, trop tout. Les représentants du type A s'extériorisent et répondent au stress par des réactions excessives. La moindre contrariété les irrite, ils ont la colère facile et l'agressivité toujours un peu disproportionnée par rapport à l'événement qui l'a déclenchée. Un type hystéroïde, disent les médecins. Nous disons des battants, ambitieux, agressifs, impulsifs, constamment sous tension, en compétition avec leur entourage et avec eux-mêmes, perfectionnistes qui courent de défi en défi, voulant toujours faire plus, ou mieux. Ou plus vite : doués d'un sens aigu du temps, il sont toujours accrochés à leur montre, pressés, préoccupés par les détails, angoissés par une échéance. Impatients chroniques, toujours en mouvement, ils sont incapables de se relaxer. Ils s'épanouissent dans le travail, lui sacrifiant souvent leur vie familiale ou affective.

TYPE C : L'INTROVERTI

C'est Isabelle Huppert, l'impassible Garbo, ceux dont on dit qu'ils sont rongés par un feu intérieur parce qu'ils intériorisent, en effet, leurs réactions au stress. Apparemment résignés, paisibles, ils souffrent en fait en silence, et refoulent, parfois inconsciemment, leur agressivité. Ils s'emportent rarement, pourtant ce sont de faux calmes. Plus patients, moins pressés, ils n'attaquent pas ils se rongent. Pour eux le travail est subsidiaire, leurs vrais plaisirs sont ailleurs.

TYPE B : LA FORCE TRANQUILLE

Entre le type A et le type C, le point d'équilibre est le type B, que voulaient incarner tous les grands héros du cinéma américain, de John Wayne à Gary Cooper, quand l'Amérique avait les couleurs du western. Force tranquille, self-control, assurance et confiance, le type B maîtrise naturellement son stress, réagit calmement, mesure et analyse avec sagesse, voire philosophie, les situations les plus inattendues et les plus conflictuelles. À leur manière, James Bond et Bruce Lee, jamais surpris, toujours olympiens et capables de donner le bon coup au bon moment même lorsqu'on les attaque par-derrière, en sont assez représentatifs. S'il s'emporte, le sujet du type B le fait à bon escient, sans agressivité, proportionnellement à l'agression qu'il a subie. S'il décide de se taire et d'« encaisser », c'est qu'il l'a décidé et, loin d'en souffrir, il en tire un bénéfice. Réaliste, positif, il sait prendre ses distances par rapport à l'événement. Optimiste, il voit la bouteille plutôt à moitié pleine qu'à moitié vide, et trouve un sens à ce qu'il fait, en harmonie avec ce qu'il est.

Un homme, un jour, croise sur sa route trois casseurs de cailloux.

— Que faites-vous ? leur demande-t-il.

— Je casse un caillou, répond le premier.

— Je taille une pierre, répond le second.

— Je construis une cathédrale, répond le troisième qui était sans doute du type B, dont il faut admettre qu'il est, dans la population, plutôt minoritaire.

Cette classification a ses limites. D'autant que la frontière entre les différents types n'est pas toujours nette et qu'il est des types intermédiaires difficiles à classer. On peut être typiquement A totalement extraverti ou A partiellement extraverti ou totalement réprimé. Mais elle n'est pas anodine, car elle nous renseigne sur ce qui nous est naturel et supportable ou, au contraire, fondamentalement contraire et donc insupportable. Il est plus éprouvant pour un extraverti du type A d'être réprimé que pour un introverti du type C. La décharge émotionnelle sera plus satisfaisante psychologiquement et biologiquement s'il peut exprimer son agressivité, même s'il y a des limites à cette extériorisation. Car l'agressivité devient dangereuse lorsqu'elle est excessive, même pour un représentant du type A, de même que l'inhibition, mode normal de réaction du type C, l'étouffe quand elle est trop profonde. S'il connaît le profil psychologique et le type de comportement de son patient, un médecin sera mieux à même de l'aider. Si chacun d'entre nous en avait conscience, il utiliserait mieux ses élans spontanés, ses lignes de force naturelles, et saurait résister plus lucidement aux excès auxquels son « instinct » aurait tendance à le pousser. Il pourrait ainsi se protéger, éviter non seulement bien des difficultés, mais surtout des troubles, des malaises, des maux dont il se demande d'où ils viennent, des maladies qui le frappent, d'un coup, quand il est trop tard.

Car **à chaque profil psychologique, à chaque type humain, correspond aussi une prédisposition à un genre de trouble physique ou de maladie.** En ce sens, il existe bien un déterminisme sinon une fatalité. Nous ne devenons, souvent, que ce que nous sommes déjà, au départ.

Le poids des expériences antérieures

Le patrimoine génétique est comme une carte dans laquelle la vie choisirait pour chacun un menu : du jour de notre naissance, et même sans doute avant, nos expériences s'inscrivent dans une

TEST : A, B, C,
QUEL EST VOTRE TYPE PSYCHOLOGIQUE ?

Répondez à ce questionnaire, il vous permettra de savoir de quel type de profil psychologique vous vous rapprochez le plus.

1. Êtes-vous toujours en train de courir ?

A. Oui, systématiquement.

B. Oui, quand la situation l'exige.

C. Non, vous avez besoin de prendre votre temps.

F. Jamais, vous ne supportez pas.

2. En situation d'urgence :

C. Vous perdez tous vos moyens.

A. Vous êtes encore plus éveillé.

E. Vous n'en tenez pas compte : vous suivez votre rythme.

B. Vous prenez tout de même le temps d'analyser la situation.

3. Vous devez faire plusieurs choses en même temps :

A. Ça vous stimule.

C. Ça vous paralyse.

B. Vous faites un choix.

D. Vous faites toujours plusieurs choses en même temps.

4. Ce matin, rien ne va comme vous voulez :

A. Vous râlez toute la journée.

C. Vous ruminez en silence.

E. Vous décidez de faire une pause.

F. Vous vous recouchez.

5. Le surnom qui vous convient le mieux :

C. Le faux calme.

E. La force tranquille.

A. La cocotte minute.

D. Le bulldozer.

6. Un chauffard vous agresse :

F. Vous êtes ulcéré, mais vous n'en laissez rien paraître.

D. Vous vous emportez violemment.

B. Vous lui répondez calmement.

E. Ça vous laisse indifférent.

7. Avec vos collaborateurs :

D. Vous êtes exigeant, voire tatillon.

C. Vous comptez sur les autres.

B. Vous savez faire confiance aux autres.

F. De toute façon, les responsabilités vous affolent.

8. La promotion que vous attendiez est refusée :

A. Vous partez en claquant la porte.

D. Vous fulminez tout haut.

C. Vous ne dites rien, mais cultivez votre rancœur.

B. Vous vous faites une raison.

9. Quelque chose vous contrarie ou vous déplaît :

A. Vous répondez immédiatement, avec agressivité et colère.

C. Vous ne dites rien, mais ça vous rend malade.

B. Vous répondez calmement.

D. Vous ne pouvez pas répondre, mais vous devenez agité et nerveux.

10. Votre emploi du temps :

A. Il est surchargé et mal structuré.

C. Vous ne savez jamais ce que vous avez à faire.

E. Il est équilibré entre travail, famille et loisirs.

F. Vous n'aimez pas avoir d'emploi du temps.

11. On vous demande de travailler ce week-end. Vous répondez :

B. Simplement non.

C. Oui, mais vous n'en pensez pas moins.

D. Chic ! Ça va m'occuper.

A. Vous hurlez que c'est inadmissible.

12. Avec vos collègues, vous vous sentez :

D. Souvent en compétition.

C. Parfois dépassé.

B. Toujours à votre place.

A. Vous voulez être le meilleur.

13. Vous êtes en vacances :

D. L'inaction vous ennuie, et vous avez hâte de retourner au bureau.

A. Vous alternez sports et loisirs sans une minute de répit.

F. Vous en profitez pour traîner et dormir.

E. Vous vous sentez bien.

14. On vous explique une histoire longue et compliquée :

A. Vous n'avez pas la patience d'attendre la fin.

D. Vous voulez tout de suite connaître l'essentiel.

F. Vous ne comprenez rien et perdez le fil.

B. Vous écoutez patiemment.

15. Vous devez prendre une décision très rapidement :

A. C'est ce que vous faites à longueur de journée.

C. C'est la panique.

B. Pourquoi pas ? Vous maîtrisez toutes les situations.

E. Qu'on vous laisse dix minutes de réflexion !

Questionnaire établi par le docteur Soly Bensabat.

RÉSULTATS DU TEST

Additionnez indifféremment A avec D, B avec E, C avec F.

Vous avez une majorité de A, D :

Vous êtes de type A. Plutôt extraverti, vous exprimez toujours vos réactions, parfois de façon disproportionnée. C'est le profil des ambitieux et des perfectionnistes, qui réagissent par l'action. Le corps, lui, répond par un excès d'adrénaline, ce qui rend les « type A » peu sensibles aux dépressions nerveuses mais vulnérables aux accidents cardio-vasculaires.

Vous avez une majorité de C, F :

Vous êtes plutôt de type C, introverti, renfermé. Votre réponse se manifeste par une absence de réaction ou par une inhibition. Sur le plan biologique, ce comportement se traduit plutôt par une sécrétion massive de cortisol et entraîne une baisse des défenses immunitaires. Les « types C » présenteraient plus de risques de rhumatismes, dépressions, infections.

Vous avez une majorité de B, E :

Vous êtes de type B, équilibré et bien armé pour maîtriser le stress. Votre self-control vous aide à maîtriser chaque situation. C'est vers le type B que tendent les traitements antistress.

Vous n'avez pas de profil majoritaire :

On peut être de type intermédiaire ou difficile à classer. Ainsi, le Dr Bensabat distingue le type A clairement exprimé et le type A réprimé, dont les réactions émotionnelles sont spontanément violentes mais intériorisées. D'autre part, dans des situations particulières, les types A et B peuvent, eux aussi, réagir par l'inhibition, pour réfléchir et analyser. Il ne s'agit pas alors d'un blocage, mais d'une réponse volontaire et dosée.

mémoire sans fond. Consciente ou inconsciente, elle engrange, stocke, et, même si nous croyons avoir oublié, elle sait. Au fond de nos cellules, dans les circonvolutions de notre cerveau, notre histoire est écrite, imprimée, et dans certaines circonstances, à certains moments, souvent à notre insu, elle influence nos réactions et nos comportements.

Lorsque John Mc Enroe pénètre en 1988 sur le central de Roland Garros pour affronter Yvan Lendl en huitièmes de finale, comment pourrait-il s'empêcher de penser à sa dramatique défaite en finale, sur ce même court, quelques années auparavant ? Et quelle force lui aurait-il fallu trouver en lui-même pour vaincre ? La mémorisation de l'échec est instinctive. La réaction de stress et de panique lorsqu'on se retrouve dans une situation similaire également.

Il y a le souvenir, heureux ou cuisant, et le souvenir derrière le souvenir. Retrouver les sensations, les événements enfouis dans l'inconscient et qui conditionnent nos attitudes actuelles est le fondement même de la psychanalyse. La plupart l'ignorent et n'en ont pas besoin. Pourtant cette agressivité de l'un envers les femmes, cette peur d'une autre de montrer son corps, cette raideur du caractère, cette volonté d'être toujours le premier, d'où nous viennent-elles ? Nous ne le savons pas, ou plus. Mais confrontés à une agressivité, un conflit, une difficulté, une rencontre, nous réagissons bien ou mal, violemment ou calmement, en fonction aussi de cette mémoire antérieure qui ne nous revient plus en mémoire.

Le flash-back des images programmées dans notre mémoire conditionne en grande partie notre comportement quotidien et la réussite ou l'échec de nos actions.

Le flash-back, le souvenir d'expériences antérieures réussies ou ratées, fait que la répétition de situations identiques ou proches provoque inconsciemment un sentiment d'appréhension ou d'aisance, de panique ou de confiance en soi selon le résultat de la « première fois », et le souvenir qu'on en a gardé.

Le trac de l'artiste avant un spectacle est le reflet de son premier trac et ne s'effacera ni avec l'expérience ni avec le succès. L'échec d'une première relation sexuelle peut rendre longtemps frigide, timide, mal à l'aise, et l'anxiété de certains le dimanche soir n'est peut-être pas indifférente au souvenir de ces dimanches d'enfant où l'on n'avait pas fait ses devoirs du lendemain. Les bons souvenirs eux aussi pétrissent l'homme ou la femme que nous sommes devenus. Une odeur, un goût, une sensation, la tarte aux pommes de mémé, le parfum de maman, une image de jardin, si un jour nous les retrouvons nous nous sentirons, sans raison apparente, détendus, heureux, apaisés.

Ainsi notre vie fait écran entre nos stress et nous et, comme un miroir subjectif, réfléchit les messages de bon ou de mauvais stress vers notre cerveau.

Certes l'expérience acquise, la répétition du geste, l'entraînement, l'adaptation progressive, jouent aussi leur rôle. On peut réussir là où l'on a échoué, simplement parce qu'on a appris, compris et corrigé les erreurs premières. L'habitude ou la nouvelle connaissance acquise peuvent compenser, corriger le sens du premier message.

L'importance de la mémorisation des expériences vécues sur le comportement fait ressortir le rôle de l'apprentissage du stress dans l'enfance et la prime jeunesse. De même, l'interprétation que fait le cerveau du message reçu dépend forcément aussi de l'éducation, du niveau intellectuel, des valeurs morales, des habitudes socio-culturelles, de la sensibilité individuelle, de l'état de santé, et surtout de stress, de l'individu au moment de l'agression.

Une personne surmenée et stressée réagit moins bien au stress qu'une personne en pleine forme. La menace nucléaire n'est pas perçue de la même manière par un écologiste ou un intellectuel non engagé dans le combat antipollution. Les Méditerranéens sont plus sensibles à la forme, d'autres plus attachés au contenu du message. Sonner à la porte du voisin à tout moment est banal en Orient, choquant en Occident.

Individuelle ou collective, consciente ou inconsciente, la mémoire est en tout cas un des facteurs conditionnant notre réaction au stress.

Elle corrige, aggrave ou tempère les pulsions instinctives, les comportements quasi-réflexes dus à notre tempérament.

Les symptômes du stress

On ne peut prendre conscience d'une situation stressante que par les symptômes qu'elle provoque. Aussi minimes soient-ils, ils sont les indicateurs de l'agression, les signaux révélateurs d'une inadaptation. Bizarrement, nous les négligeons souvent. Ou plutôt nous les prenons pour ce qu'ils ne sont pas et nous nous acharnons à soigner malaises, ennuis de santé plus ou moins importants, nervosité et troubles divers sans nous demander d'abord d'où ils viennent. Et cette incapacité à relier l'effet à la cause est responsable de bien des traitements inutiles dont la seule conséquence est de prolonger l'effet du stress. Les maux de tête ou de ventre du lundi matin relèvent plus de la peur d'aller à l'école ou au bureau que de la migraine ou de l'indigestion et les douleurs d'estomac n'ont pas toutes pour origine le repas qu'on a fait la veille.

L'expression du stress est polymorphe, variable d'un sujet à l'autre, fugace et transitoire si l'agression est nouvelle et passagère, chronique lorsque celle-ci se prolonge, car alors les troubles s'installent jusqu'à devenir permanents. Je passe un examen, j'ai le trac, bouche sèche, mains moites, entrailles nouées. Je ne supporte plus mon patron, j'ai mal à la tête pendant la semaine, puis le week-end aussi, une migraine tenace s'installe, à moins que ce ne soit un eczéma.

Le dysfonctionnement des hormones du stress peut, à la longue, provoquer de véritables maladies du stress. Même si les symptômes sont multiples, même si chacun réagit à sa manière, il est des constances, des symptômes communs, si fréquents qu'on ne peut se tromper sur leur origine. Ils sont les premiers clignotants du stress, les alarmes naturelles de l'organisme, message de détresse du corps et de l'esprit auxquels il nous faut être attentifs si nous voulons préserver notre santé et notre équilibre.

LA FATIGUE

C'est peut-être le symptôme le plus fréquent chez les stressés, et aussi le plus volontiers avoué. Une étude statistique menée auprès de 1000 médecins de famille a montré que la fatigue est le motif de consultation le plus courant dans la tranche des 20 à 40 ans, celle qui correspond à la période la plus active de la vie professionnelle où l'on ne ménage ni sa peine ni son énergie pour se faire une situation et gagner sa place dans la société. Certes, l'ambition est un moteur puissant, tout à fait stimulant. Mais l'usure est aussi certaine pour celui qui ne sait pas se préserver. On ne peut accumuler volontairement les stress, rester indemne, et avoir, comme on dit, « le beurre et l'argent du beurre ». Hommes et femmes sont aujourd'hui sur un pied d'égalité dans la volonté de s'imposer à tout prix : la course au succès n'a pas de sexe, mais les femmes sont plus fragiles, même si elles n'ont pas la charge d'une famille nombreuse, car elles sont soumises à des influences hormonales plus importantes (règles, ménopause).

La fatigue « normale », physique, celle qu'on éprouve après une activité intense ou une longue journée de travail, cède à une nuit de sommeil réparateur. La fatigue réactionnelle au stress, celle que les médecins appellent psychasthénie, est tout autre.

Elle apparaît dès le matin et n'est pas réparée par le sommeil. Elle peut disparaître curieusement en fin de journée où le sujet se sent en meilleure forme pour réapparaître dès le lendemain au réveil. Et ce décalage dans le temps est significatif de l'inadaptation et de l'insatisfaction socioprofessionnelles. Psychologique, ce surmenage s'accompagne souvent de difficultés de concentration, de fatigue intellectuelle et sexuelle.

À un stade évolué de l'état de stress, la fatigue peut-être à la fois physique, due au surmenage et aux conditions difficiles de la vie, socioprofessionnelle et psychologique, reflet d'un stress psychique et émotionnel. Dès lors, la fatigue devient totale et permanente, et le repos ne suffira pas à la faire disparaître si on ne prend pas en charge son stress, si on n'améliore pas son hygiène de vie, si on n'arrête pas sa course effrénée pour réfléchir et changer sinon de cap ou d'objectif, au moins de rythme.

Dans 70 % des cas, le « fatigué » ne souffre d'aucune maladie, d'aucun trouble organique pouvant justifier son état. Fatigue écran, fatigue excuse, le manque d'enthousiasme, d'allant, d'énergie cache un problème professionnel, social ou familial. Un chiffre qui devrait nous faire réfléchir sur notre adaptation professionnelle et notre mode de vie en général.

L'ANXIÉTÉ

Deux Français sur trois consomment souvent des tranquillisants. Ils avalent chaque année largement plus d'un milliard de ces pilules cache-misère qui vous font voir en rose et calme ce qui est plutôt gris colère. Plus d'un milliard de trompe-l'angoisse pour gommer l'inquiétude, masquer l'inadaptation généralisée aux agressions du monde environnant et aux contraintes de la vie quotidienne.

Un peu d'anxiété stimule, trop d'anxiété paralyse. Parfois elle exprime l'appréhension de ce qui peut nous arriver, parfois elle traduit le refoulement de notre agressivité, l'inhibition de nos réactions spontanées. Faute d'exutoire, nous les retournons contre nous-mêmes. Il s'ensuit une perturbation du système neurovégétatif et cette anxiété qui se manifeste souvent sous la forme déguisée d'un trouble psychosomatique : palpitations ou crises de tachycardie, douleurs à la poitrine, tremblements, respiration excessive ou moiteur des mains, serrement de gorge, douleur au ventre, envie fréquente d'uriner, éruption de plaques ou de boutons, courbatures, douleurs musculaires... quand l'esprit se voile, quand nous nous mentons à nous-mêmes, le corps parle.

Plus forte que l'anxiété, sans raison apparente, l'angoisse se traduit par les mêmes symptômes, mais plus intenses, et, parfois, une crise brutale, inopinée de panique ou d'oppression thoracique et une sensation de mort imminente.

L'anxiété et l'angoisse modifient notre analyse des choses, notre appréhension des événements, et amplifient notre perception sensorielle. Elle nous dominent au point de nous faire perdre le sens des réalités, perturbent nos réactions, modifient nos comportements. Reflets d'une inadaptation, elles nous conduisent à d'autres inadaptations réactionnelles.

L'IRRITABILITÉ

On s'énerve pour un oui ou pour un non, on ne supporte plus ni contrariété, ni contradiction, ni contretemps, on est moins indulgent, plus intolérant, moins patient, plus agressif, ce qui complique le dialogue et tend les relations avec l'entourage, entretenant un processus de stress déjà à son maximum : l'irritabilité traduit une overdose de stress. Plus significative chez le calme, qui habituellement maîtrise ses réactions, elle est plus marquée chez l'extraverti de type A plus exigeant, plus perfectionniste, mais elle a toujours la même signification : la limite de la résistance à l'agression est atteinte.

LA NERVOSITÉ

Corollaire de l'irritabilité, la nervosité se traduit

par l'impulsivité. Les réactions deviennent plus explosives, les colères plus fréquentes et incontrôlables, sans commune mesure avec leur objet, entraînant parfois des gestes regrettables. Le comportement devient plus agité, plus agressif, le langage, plus dur, dépasse souvent la pensée, si bien que les tensions s'aggravent et que le stress augmente. Alors apparaît un autre stress, celui du regret. On a honte de ce qu'on a fait ou dit, on rumine, on s'en veut, cercle vicieux.

Chez les introvertis de type C la nervosité, comme le reste, est souvent refoulée, non exprimée, et se traduit par une nervosité latente permanente qui, venant s'ajouter à une anxiété également latente, aggrave tous les symtômes du stress.

LES TROUBLES DU SOMMEIL

Ils apparaissent très tôt mais on les nie longtemps. Battants, arrivistes, surmenés connaissent bien ces réveils au milieu de la nuit, ces heures passées à ruminer les soucis et les difficultés mal vécus, mal réglés jour après jour, dans leur vie professionnelle ou familiale... Vers 2 heures, 3 heures du matin, parfois plus tard, ils s'éveillent et ont le plus grand mal à se rendormir.

D'autres, moins nombreux, mettent longtemps à s'endormir, ou dorment d'un sommeil fragile et peu réparateur parce qu'ils n'arrivent pas à s'abstraire, à se déconnecter des problèmes de la journée.

Tous souffrent vite de fatigue et prennent un somnifère, puis deux, de plus en plus régulièrement, créant à la fois une accoutumance et une résistance qui les conduira à augmenter la dose, ajoutant aux stress psychologiques qui les assaillent de graves stress neurophysiologiques.

LES TROUBLES SEXUELS

Ne fantasmons pas sur les aphrodisiaques, les troubles sexuels sont presque toujours d'origine psychologique. Quand on n'en peut plus, quand on est stressé, une sorte de court-circuit psychologique relègue au second plan tout désir sexuel et annihile la libido. Un dysfonctionnement de la sécrétion des hormones sexuelles ajoute parfois à ce manque d'appétit une insuffisance d'érection.

Difficile à avouer et difficile à vivre. L'homme se sent humilié. Sa virilité n'est pourtant pas en cause. Le cerveau semble trier dans nos pôles d'intérêt et, à certains moments, l'un prend le pas sur l'autre. Les soucis tuent l'amour.

LES TROUBLES DE LA MÉMOIRE

Véritable central, le cerveau trie, hiérarchise, organise et stocke... dans la mesure du possible. Trop sollicité, encombré, embouteillé, il se trompe ou pagaille, comme un standard qui saute. On oublie les noms propres, les numéros de téléphone, on se trompe de nom ou on ne met plus de nom sur un visage familier, mais on n'oublie pas les faits, mêmes anciens. Ces symptômes peuvent traduire un vieillissement cérébral pathologique ou un début de maladie d'Alzheimer. Ils ne sont le plus souvent que le reflet momentané d'une overdose de stress. Des tests* médicaux permettent aujourd'hui de distinguer les troubles organiques et les effets du stress.

* Ces tests, mis au point par l'Institut INRPVC, sont pratiqués à l'hôpital Bicêtre à Paris et dans d'autres centres, dont le centre médical François-Ier.

LA PERTE DE L'ENTHOUSIASME ET DE L'ENVIE D'ENTREPRENDRE

D'abord, on n'a plus « la pêche ». Plus goût à rien, plus d'envie. Puis on s'installe dans un état dépressif. On a de plus en plus de mal à faire ce que l'on faisait facilement d'habitude, et pas envie d'entreprendre autre chose. On est moins combatif, moins confiant, plus hésitant. Tout paraît un obstacle, au point que bientôt on n'arrive plus à prendre une décision.

À un certain stade de l'évolution de l'état de stress, quand celui-ci se prolonge, le sujet ne peut plus fournir l'effort suffisant pour s'adapter. Il s'isole, rentre dans sa coquille, le stress a gagné. C'est l'enfermement, dont il faudra du temps et un vrai traitement pour émerger et renaître à la vie. Tous ces troubles expriment une souffrance psychologique, une détresse de l'être agressé, maltraité, dépassé par les autres, sa situation, sa vie. On dit « mal dans sa peau », et il est vrai que tous ces troubles psychosomatiques peuvent, en outre, s'exprimer par un symptôme majeur : la dépression qu'on nomme réactionnelle ; vrai aussi qu'aux troubles psycho-émotionnels s'ajoutent et se mêlent des troubles physiques, des malaises fonctionnels qui, pour être psychosomatiques, n'en sont pas moins douloureusement réels.

LES TROUBLES DIGESTIFS

Le tube digestif est une cible privilégiée du stress. La recrudescence des ulcères de l'estomac (ulcères gastro-duodénaux) pendant les bombardements de Londres au cours de la Seconde Guerre mondiale en est un exemple flagrant.

Mais le stress s'exprime aussi, au quotidien, par des troubles fonctionnels très variés, résultat d'un dysfonctionnement (excitation ou ralentissement) de la motricité et des sécrétions digestives (salive, bile, acide gastrique, etc.). Parmi eux :

— La bouche sèche,

on a la bouche sèche — comme on a les mains moites — quand on a peur, ou quand on est ému. Chez un patient suivi dans notre centre, c'était le premier clignotant à s'allumer et il ne comprenait pas pourquoi sa bouche était tantôt sèche tantôt, au contraire, inondée de salive, les deux phénomènes disparaissant lorsque dans son travail les choses allaient mieux. Ils n'étaient pourtant que l'expression du stress chez cet homme émotif.

— Les spasmes,

ils peuvent se produire au niveau de n'importe quelle partie du tube digestif :

• du pharynx et de l'œsophage, donnant une sensation de gorge serrée, ou parfois des douleurs au milieu de la poitrine qui font croire à une maladie cardiaque ;

• de l'estomac, c'est le classique « nœud à l'estomac » ;

• du côlon, provoquant des maux de ventre parfois violents, et le fameux tableau de « colite spasmodique » qui empoisonne la vie de ceux qui en souffrent ; mais ils savent bien que les poussées sont toujours en rapport avec une contrariété, une frustration, ou n'importe quelle agression « mal digérée ».

— Le dysfonctionnement biliaire,

qui se traduit par des douleurs sous les côtes droites ou des nausées.

— Les ballonnements,

souvent accompagnés de gaz après les repas, même si l'on s'alimente sans excès.

— La diarrhée,

dite motrice, c'est-à-dire qui n'est due ni à une maladie ni à une infection. Cette diarrhée, survenant après le repas, est souvent impérieuse, le sujet peut faire plusieurs selles par jour, déliées ou liquides, passagères à l'occasion d'un stress circonstanciel (contrariété ou émotion quelle qu'elle soit, ou encore avant un examen, avant de prendre un avion, avant une rencontre qu'on appréhende, etc.) ou plus permanentes, entretenues par une anxiété et un état de stress chroniques.

— la gastrite,

se traduit par des brûlures de l'estomac, c'est-à-dire au-dessus du nombril, et peut apparaître lors de situations de stress, malgré une alimentation dépourvue des excitants et des mets épicés qui en sont généralement la cause.

Quand le stress est aigu et important, la gastrite peut être aiguë et même hémorragique, favorisée par des sécrétions excessives de produits qui irritent la muqueuse de l'estomac, la font saigner et l'ulcèrent. Ce qui se produit parfois après un choc émotionnel important, une chirurgie lourde ou un coma prolongé.

— Les poussées de l'ulcère,

il y a l'ulcère aigu, qui apparaît brusquement à l'occasion de situations de grand stress (un bombardement, une catastrophe). Mais le stress favorise aussi l'apparition insidieuse de l'ulcère chronique qui se constitue lentement, quand le stress ou les contraintes sont permanents chez des personnes probablement prédisposées en raison de leur profil psychologique particulier. Ainsi a-t-on constaté, par exemple, l'apparition d'ulcères après l'arrêt du tabac : sans doute alors sont-ils favorisés par la contrainte mal supportée de la privation.

Le stress déclenche également des poussées ulcéreuses rythmées par les agressions psychologiques et affectives. Quand on interroge les ulcéreux, les flambées de leur ulcère correspondent toujours à des périodes de difficultés professionnelles ou conjugales, à des contraintes ou à des frustrations d'origines diverses. On peut comprendre alors que le traitement ne puisse suffire, si l'agression, véritable épine irritative, persiste.

— Les poussées de rectocolite hémorragique,

apparaissent toujours à la suite d'un événement traumatisant ou d'un conflit affectif.

Les patients sont habituellement jeunes, fragiles psychologiquement et affectivement, ne se croient pas aimés et s'autodépriment. Incapables, du moins le pensent-ils, de surmonter les difficultés, ils ne peuvent pas libérer leur angoisse ni leur agressivité.

Le début de la maladie correspond dans les trois quarts des cas* à la perte d'un être cher, mère, conjoint ou enfant, ou simplement à la rupture, définitive ou temporaire, avec un être qui compte dans la vie du patient, rendant nécessaire un effort important pour se faire à la situation nouvelle et assumer des responsabilités accrues dans un domaine social ou familial.

— Les colopathies fonctionnelles,

troubles du côlon qui sont l'apanage des stressés et associent une alternance de douleurs au ventre, de ballonnements, « gaz », diarrhée, constipation et très souvent de psychasthénie (fatigue). Ces colopathies évoluent au rythme des épisodes de stress, et surviennent peut-être aussi sur un terrain psychologique particulier.

* S. Bonfils, J.-C Hachette et O. Danne, *L'Abord psychosomatique en gastro-entérologie.*

LES TROUBLES CUTANÉS

Il peut s'agir d'une rougeur ou d'une pâleur intenses, passagères, traduisant l'émotion, ou de l'apparition de plaques rouges, ou de **n'importe quel type de bouton rouge,** survenant inopinément, pendant quelques heures ou quelques jours, en dehors de toute allergie connue et disparaissant complètement avec ou sans traitement.

Chez certains individus, la peau est le véritable miroir du stress, reflet immédiat et évident que quelque chose ne va pas. Aussi évident que le nez au milieu de la figure, le symptôme disparaît aussi vite qu'il est apparu. Ce peut être une poussée d'eczéma chez un sujet qui y est sensible, ou l'apparition d'un psoriasis chez quelqu'un qui n'en a jamais eu. Toujours brutale, parfois localisée, parfois spectaculaire et étendue, la première éruption est toujours due au stress. L'évolution des poussées et des rémissions est ensuite, dans la plupart des cas, rythmée par l'évolution du contexte psychosocial et affectif du patient et le sens qu'il lui donne. S'il ne fait pas la relation entre le stress originel et le déclenchement du symptôme, la poussée ou la maladie durent longtemps. Le psoriasis, notamment, est plus sévère.

Dans le cas contraire, l'évolution est meilleure et écourtée, quand le patient établit lui-même la relation de cause à effet, et encore mieux quand il prend en charge le stress déclenchant et qu'il essaie de le maîtriser et de l'éliminer.

Les poussées d'herpès génital ou labial sont également favorisées par le stress, et les émotions. Je me souviens ainsi de cet ami étudiant qui avait une poussée d'herpès sur la lèvre chaque fois qu'il allait voir sa petite amie en Hollande.

Mais le stress est aussi responsable des :

- **chutes brutales de cheveux,** localisées ou étendues, souvent spectaculaires, et toujours désespérantes ;
- **démangeaisons** sans cause. Généralisées ou localisées, par exemple à la région anale, elles ne disparaîtront qu'avec la cause, c'est-à-dire quand le sujet aura réglé les problèmes en suspens qui l'agacent, sciemment ou inconsciemment.

LES TROUBLES GYNÉCOLOGIQUES

Du simple retard de règles à l'accentuation de ce qu'on appelle le **syndrome prémenstruel,** c'est-à-dire les symptômes qui précèdent l'apparition des règles : nervosité, tension mammaire douloureuse, gonflement, prise de poids, **l'absence de règles pendant un ou plusieurs cycles,** observée souvent lors de chocs affectifs, de situations contrariantes ou contraignantes prolongées ou d'épisodes dépressifs, voire **l'interruption totale des règles,** comme celle que l'on observe dans les anorexies mentales, maladie symptomatique des adolescentes qui refusent de s'alimenter à la suite d'un conflit, conscient ou inconscient, avec leur entourage, toutes les manifestations sont possibles.

Chez la femme, la fonction ovulatoire et la sécrétion des hormones féminines œstrogène et progestérone, donc la fécondité, sont influencées par les agressions, les traumatismes psychologiques, les conflits affectifs, les frustrations, les déceptions, les contraintes, les contrariétés, ou toute autre cause de stress conjugale, mais aussi socio-professionnelle.

Les situations de stress prolongé provoquent une perturbation au niveau de l'hypothalamus, centre cérébral de commande des sécrétions hormonales féminines. Ce déséquilibre hormonal est souvent caractérisé par une diminution de production de progestérone et une augmentation relative des œstrogènes qui favorisent l'ensemble de la symptomatologie féminine et également, si le déséquilibre est important, l'apparition d'**affections bénignes au niveau des seins,** des ovaires (kystes) et de l'utérus (polypes et fibromes).

Les traumatismes psycho-affectifs importants peuvent également entraîner une production importante et intermittente, par l'hypophyse, d'une autre hormone appelée prolactine, qui entretient à son tour le dysfonctionnement hormonal et peut entraîner un arrêt intermittent des règles.

Dans certains cas de stress important, il se développe, au niveau de l'hypophyse, une tumeur appelée adénome hypophysaire à prolactine, qui provoque l'arrêt total des règles.

Le stress est donc un facteur de risque non négligeable chez la femme. Capable de diminuer sa fertilité, il peut aussi favoriser toute une pathologie gynécologique et mammaire, et créer, en même temps qu'un déséquilibre hormonal, un terrain favorable au développement d'un cancer mammaire ou gynécologique.

LES TROUBLES CARDIO-VASCULAIRES

Clignotants désormais familiers, les symptômes cardio-vasculaires du stress sont synonymes de :

— gêne respiratoire ;

— accélération des battements du cœur ;

— douleurs dans la région du cœur, toujours inquiétantes car elles traduisent « l'angoisse cardiaque » ;

— petits « ratés » des battements, appelés extrasystoles ;

— poussées passagères de la tension artérielle.

Tous sont dus à l'action défensive du système sympathique sur le cœur et les vaisseaux et ont pour but théorique de nous préparer à la fuite ou au combat, en cas d'agression.

Dans certains cas, lorsque l'effet de surprise est important, le stress entraîne au contraire une syncope dite « vago vagale », un ralentissement du rythme cardiaque et une chute de tension due à la mise en jeu du système parasympathique dont les effets sont opposés à ceux du système sympathique.

Si le stress et l'émotion sont importants, la syncope peut entraîner une fibrillation ventriculaire et l'arrêt cardiaque.

Tous ces symptômes, le plus souvent mineurs et transitoires, peuvent être majorés et provoquer des accidents graves chez le cardiaque connu ou qui s'ignore.

Un célèbre chirurgien anglais du XVIIIe siècle, John Hunter, qui était atteint d'une angine de poitrine, répétait à ses collaborateurs : « Ma vie est à la merci du premier fou venu qui me mettrait en colère », et mourut dans le feu d'une discussion orageuse, lors d'un conseil d'administration de son hôpital.

La mort subite, responsable de la mort d'un cardiaque sur deux et qui emporte chaque année près d'un demi-million d'Américains, **peut être la première et dernière manifestation cardiaque du stress.** Chez les cardiaques connus, qui ont déjà présenté un infarctus du myocarde, la mort subite est précédée dans la majorité des cas par des signes prémonitoires de lassitude extrême et d'un sentiment d'échec et d'incapacité à faire face aux exigences de la vie.

D'après le Pr Pasternac de Montréal, il existe dans 75 % des cas un syndrome dépressif lié à des déceptions familiales ou professionnelles, ou encore à la perte d'un proche.

Personne ne nie plus aujourd'hui les menaces que fait peser le stress sur notre système cardio-vasculaire. Il est des poids si pesants que notre cœur n'y résiste pas. Nous aurons l'occasion d'en reparler.

Troubles digestifs, dermatologiques, gynécologiques, cardiovasculaires sont les modes d'expression privilégiés de la somatisation du stress. Il en est d'autres qui, pour n'être pas au nombre des « maladies du siècle », n'en sont pas moins répandus.

LES CONTRACTURES MUSCULAIRES

La tension musculaire est un bon indicateur de stress, et les kinésithérapeutes ont souvent du mal à la vaincre par le massage. Quand on a des bleus à l'âme, la tension psychologique se traduit par une augmentation inconsciente et réflexe de la tension musculaire, comme si le corps se préparait à se défendre et, dans les situations menaçantes, à fuir ou à combattre. C'est cette tension musculaire qui est responsable, dans les états de stress, **des courbatures, des contractures douloureuses** de certains muscles **du cou ou du dos,** de la crispation des muscles du front ou de la mâchoire, des « nœuds », des crampes.

Inversement, la détente musculaire, recherchée par les différentes méthodes de relaxation, entraîne aussi une détente psychologique et une sensation de bien-être.

Cette corrélation étroite entre tension psychologique et tension musculaire a inspiré par exemple la technique de relaxation par le *biofeedback* EMG.

La masse musculaire striée de l'organisme représente au total près de la moitié du poids du corps. Son rôle est important dans les déplacements, les mouvements, la posture, l'expression du visage. Physiologiquement, le muscle strié est constitué de fibres qui se contractent sous l'action des fibres nerveuses avec lesquelles elles forment des unités motrices appelées plaques motrices.

L'excitation musculaire est commandée par des impulsions nerveuses excitatrices ou inhibitrices qui viennent du cerveau, transitent par la moelle épinière, et arrivent jusqu'au muscle par les nerfs moteurs (par exemple le nerf sciatique pour les membres inférieurs). Ces impulsions nerveuses sont elles-mêmes commandées par des systèmes et des centres de contrôle situés dans la moelle épinière et dans le cerveau, et donc l'excitation et la mise en jeu musculaire dépendent à la fois des informations sensorielles (provenant de la peau, de la vision, de l'audition, transitant également par la moelle épinière, et informant le cerveau sur l'état de tension musculaire) et des informations venant de la mémoire et de l'appréciation cognitive de la situation.

C'est de tout ce système d'informations que résulte l'ordre de fonctionnement musculaire.

Les mouvements et les gestes habituels sont automatiques et ne nécessitent pas d'invervention de la conscience. Seuls l'apprentissage et l'exécution de nouveaux mouvements y font appel. Le bon stress provoque la tension musculaire nécessaire pour que le sujet soit en alerte. Elle ne devient souffrance que lorsque le stress est important et prolongé et, le plus souvent, on ne la ressent qu'après coup, lorsque la vigilance s'estompe.

Si la tension psychologique persiste, si le stress est chronique, le muscle n'a pas le temps de se détendre. La tension se maintient, même pendant le sommeil, augmente jusqu'à un état de raideur musculaire tel que les gestes deviennent brusques.

Le souvenir inconscient d'une situation stressante et la « rumination » entretiennent également la tension musculaire.

Le processus cérébral et mental du contrôle musculaire est complexe et incomplètement étudié. Il existe probablement, en plus de l'activité musculaire involontaire réflexe et volontaire (qui commande aux muscles l'exécution de tel ou tel mouvement), des rapports entre les centres de contrôle musculaire et les différents centres du cerveau supérieur de la conscience, de la mémoire, de la connaissance, des émotions, des sentiments, etc.

C'est ainsi que l'anxiété est souvent responsable d'une augmentation de la tension musculaire, par le biais d'un processus mental complexe agissant sur les centres cérébraux supérieurs de contrôle musculaire. De même que la volonté de se relaxer commande une détente musculaire et entraîne secondairement une détente psychologique, par l'intervention simultanée de plusieurs centres cérébraux agissant sur les centres du contrôle musculaire. C'est ce qui se produit avec le *biofeedback* EMG, et aussi avec les différentes méthodes de relaxation où **le fait de prendre conscience de son état de tension musculaire, et de vouloir la réduire, entraîne une commande cérébrale de réduction de cette tension,** par le biais de connexions multiples entre les différents centres cérébraux supérieurs de la volonté consciente et les centres sensoriels qui ont reconnu l'état de tension.

Toute activité musculaire consciente ou inconsciente est contrôlée par le cortex et les centres du cerveau supérieur. Mais, quand l'activité musculaire devient automatique, le cerveau supérieur n'intervient presque plus.

Le but des méthodes de relaxation musculaire (Jacobson, Schultz...) **est de diminuer la stimulation cérébrale supérieure et consciente, cette baisse procurant un état de bien-être et de calme (relaxation).** La relaxation est ainsi un mécanisme de rétroaction entre la tension musculaire et l'activité cérébrale corticale consciente.

Une augmentation de tension musculaire entraîne une augmentation de tension cérébrale et, inversement, une baisse de la tension musculaire entraîne une baisse de la tension psychologique.

LES MANIFESTATIONS ARTICULAIRES ET RHUMATISMALES

Elles font partie de ces manifestations douloureuses qu'on soigne sans se demander d'où elles viennent, et surtout sans songer qu'elles peuvent parfois avoir pour origine un stress. Elles se manifestent en :

— **Douleurs articulaires** chez un sujet jusque-là indemne de toute manifestation rhumatismale, ou de poussées douloureuses chez un rhumatisant. Dans les deux cas, on retrouve souvent, dans les jours ou semaines qui ont précédé la souffrance articulaire, des traumatismes affectifs. des situations évidentes de stress ou un état d'anxiété. Ainsi Mme X, suivie dans notre centre qui, à chaque hospitalisation de son mari, souffre du doigt qui gonfle et lui fait mal ;

— **Périarthrite,** avec, pour les stressés, une « préférence » pour celle de l'épaule ;

— **Arthrose :** les manifestations arthrosiques précoces et leur accentuation sont souvent une conséquence du stress ou d'événements traumatisants. Il n'est pas de médecin qui ne reçoive quotidiennement la plainte de patients encore jeunes souffrant d'arthrose, cervicale ou autre, apparue à leur insu à la suite d'un décès, d'une séparation ou d'une agression, d'un malheur conjugal ou d'un déboire professionnel.

Ces troubles articulaires sont, selon Hans Selye, favorisés par le déséquilibre créé par le stress, entre les hormones dites anti-inflammatoires et les hormones pro-inflammatoires qui favorisent l'inflammation.

Le Pr Loo rapporte le cas d'un « traitement spontané et miraculeux » — dû probablement à une autodécharge brutale d'hormones anti-inflammatoires — qui fait surgir un jeune impotent du train dans lequel il voyageait, et qui venait d'échapper à un accident spectaculaire.

Hans Selye a provoqué expérimentalement une arthrose chez des animaux en leur injectant des hormones pro-inflammatoires. Quand ces mêmes animaux recevaient préalablement des hormones anti-inflammatoires, l'arthrose n'apparaissait pas.

Cette expression symptomatique du stress n'est évidemment pas exhaustive. Le stress peut se manifester sous n'importe quelle forme, s'exprimer par n'importe quel symptôme ou n'importe quel groupement de symptômes, difficiles à diagnostiquer si l'on ignore qu'un être humain doit toujours s'envisager dans sa totalité. Les spécialistes de parties de plus en plus infimes du corps humain ont sûrement, dans leur domaine, des connaissances encyclopédiques. Il leur manque souvent, pour y voir plus clair, la capacité et la volonté de regarder un peu plus loin, dans le cœur et la vie de leur patient.

Stress et maladie

Depuis cinq ans, les médecins du travail tirent la sonnette d'alarme : dépressions, ulcères, tentatives de suicide sont en forte recrudescence. Premiers touchés : les victimes de restructurations et de licenciements. Chez les patrons, les cadres, hommes ou femmes, dans tous les métiers à responsabilité ou à risque, ce sont les maladies cardio-vasculaires qui progressent de façon inquiétante. Les pompiers meurent plus souvent d'infarctus du myocarde et d'hémorragie cérébrale, chez les aiguilleurs du ciel les cas d'hypertension sont multipliés par quatre, et les navigants ont deux fois plus d'ulcères. Responsable : le stress.

Celui-ci joue un rôle clairement identifié et nettement prédominant dans l'apparition des dépressions réactionnelles, rançon, comme leur nom l'indique, de l'inadaptation à une situation pénible, difficile ou traumatisante. Il est également, nous venons de le voir, responsable du déclenchement et de l'évolution de bien d'autres troubles, fonctionnels ou organiques. Il est vraisemblablement aussi à l'origine, au moins en partie, de certaines grandes pathologies comme les maladies coronariennes et certains types de cancer.

STRESS ET MALADIE CORONARIENNE

Ce n'est pas un hasard si les maladies coronariennes représentent aujourd'hui la première cause de mortalité dans les pays industrialisés. L'alimentation trop riche en graisses et le tabagisme généralisé ne sont pas les seuls responsables. Les pressions incessantes, la compétition acharnée, la course continuelle contre la montre, les autres, la vieillesse et même contre soi-même, en un mot les mille et une contraintes qu'on nous impose ou que nous nous créons sont les ennemis irréductibles d'un cœur fait pour battre à son rythme.

Le stress peut aggraver une maladie coronarienne. Il peut déclencher une crise d'angine de poitrine ou un infarctus chez un sujet jusque-là bien portant.

Les exemples sont innombrables, toujours directement liés à des difficultés professionnelles, un échec, une émotion forte, des contrariétés, des frustrations.

Georges Marchais et Alain Decaux racontent — c'est la semaine du cœur — à la télévision leur infarctus, survenu, pour l'un après un débat politique, pour l'autre à l'issue d'une conférence. Pour tous deux, après un stress important.

On sait que le stress favorise le tabagisme, l'excès de cholestérol, l'hypertension artérielle, eux-mêmes facteurs de l'obstruction des coronaires, qui sont les artères du cœur. Je souffre donc je fume et je bois trop, je dors mal, je suis tendu, je m'angoisse, je m'énerve, enchaînement bien connu des troubles du comportement et de l'hygiène de vie aux troubles fonctionnels négligés, mal soignés, qui dégénèrent. **Mais les drames, les émotions, le mal de vivre constituent**

aussi un facteur de risque capital, agressant le cœur en permanence par l'« inondation » d'adrénaline et d'hormones du stress dont ils sont responsables. Cette décharge d'adrénaline augmente le travail du cœur, fatigue les coronaires qui perdent leur souplesse, et rétrécissent sous l'effet de l'agglutination de certaines particules du sang appelées plaquettes, et du dépôt le long de leurs parois de « mauvais » cholestérol LDL favorisé par la chute du « bon » cholestérol HDL.

Les comptables américains surmenés en période de bilan — mais, si les mêmes études étaient menées ne France, on peut parier que les résultats n'en seraient pas différents — présentent, en mars et en avril, une baisse importante de cholestérol HDL. En réalité tous les stressés du temps, tous les pressés ont un taux de cholestérol HDL abaissé qui met leurs artères en danger.

Certains, nous le verrons, sont plus vulnérables que d'autres aux maladies cardiaques. Et le risque de récidive est aussi plus fréquent chez les cardiaques stressés. Mais les facteurs de prédisposition sont parfois plus subtils qu'on ne le supposerait. Le Dr Weinblatt et son équipe ont, pendant trois ans, étudié sur 1800 patients de la région de New York les facteurs qui influencent la mortalité après un infarctus. Il est apparu que les patients qui avaient à la fois des « extrasystoles ventriculaires complexes », c'est-à-dire des troubles du rythme cardiaque, eux aussi favorisés par le stress, et un niveau de scolarité peu élevé, avaient trois fois plus de chances de mourir que ceux qui avaient un niveau d'éducation plus élevé. Il en a déduit que les premiers, moins aptes intellectuellement à interpréter leur maladie et le risque qu'elle comporte, étaient dans un désarroi plus grand.

Cette statistique n'est peut-être pas exactement transposable. Il me semble en tout cas que le niveau socioculturel, l'éducation et même l'intelligence ne sont pas forcément le facteur le plus déterminant des syndromes cardiaques liés au stress. Le QA, le quotient d'affectivité, compte autant sinon plus que le QI. Les maladies du cœur sont parfois le reflet de nos coups au cœur. Et tendresse et soutien font plus, pour qu'un malade évite la récidive, que l'analyse lucide et froide d'une situation.

LE STRESS DIMINUE NOS DÉFENSES IMMUNITAIRES

« En ce moment, je suis fatigué, j'attrape tout. » La grippe, le rhume, un virus, le premier microbe qui passe. Expression populaire d'une réalité médicale : fatigue, stress, surmenage, épuisement physique ou nerveux rendent plus vulnérable à la maladie.

Depuis deux ans, sa vie conjugale est un enfer, conflits, disputes, et infections à répétition : angines, sinusites, bronchites, poussées d'herpès, s'enchaînent au même rythme que les scènes de ménage. Rupture, séparation. Elle va mieux.

Son affaire périclite, il gagne moins d'argent, ses banquiers le harcèlent, son asthme aussi qu'il croyait disparu. La surinfection de ses sinus et de ses bronches est devenue handicapante et ne cède plus aux antibiotiques. Mauvaise passe, qui s'arrange. Les affaires reprennent, il va mieux.

Je connais des dizaines de cas semblables, tous exemplaires d'un même constat : **un état de stress chronique affaiblit le système de défense immunitaire, et rend l'individu plus sensible aux agressions virales ou microbiennes.**

La sécrétion excessive et l'accumulation de cortisol dues au stress chronique diminuent, en effet, la production de lymphocytes et d'interféron qui sont nos agents de défense et nous aident à combattre et détruire virus, microbes, cellules cancéreuses et toute particule étrangère à notre organisme. Le cortisol diminue également l'activité cytolytique des cellules tueuses, dites NK (*Natural killer*), qui tuent les cellules étrangères et cancéreuses.

Les expériences de Hans Selye sur les souris soumises au stress du froid ont montré que les souris sacrifiées et autopsiées présentaient toutes une atrophie du thymus et des organes lymphoïdes, qui sont les organes producteurs des lymphocytes et des agents de défense. Responsable : la production excessive de cortisol pendant l'exposition au froid. Les souris présentaient en effet simultanément une hypertension des glandes surrénales qui produisent le cortisol, signe d'une hyperactivité de ces glandes pendant le stress.

Selon le Dr Benedicta Rocha, à Paris, le stress provoqué par une petite intervention chirurgicale entraîne chez la souris une chute de 50 % du taux de lymphocytes, qui peut atteindre 90 % lors d'un stress plus important.

Chez l'homme, les effets sont moindres sans être pour autant négligeables. Aux États-Unis, les Drs Roland et Janice Glasen ont étudié 76 femmes. Une moitié avait une vie conjugale heureuse, les autres avaient divorcé. Celles-ci avaient un taux d'anticorps diminué et des défenses immunitaires amoindries. Pendant leurs examens, les étudiants de deuxième année de médecine de l'université de Columbus produisent moins d'interféron et l'activité de leurs cellules NK est nettement moins importante.

Une autre étude, menée dans le Minnesota sur

2 020 femmes qui furent suivies pendant dix-sept ans, a démontré que celles qui avaient des tendances dépressives avaient développé deux fois plus de cancers que les autres. Dans le cas de dépression réactionnelle aux différents stress de la vie, le taux de cortisol est souvent élevé, le système de défense est donc affaibli et le sujet plus sensible aux agressions, microbiennes ou autres.

Le corps a ses lois, ses rythmes, ses règles. Ensemble quasiment parfait et incroyablement complexe, il agit et réagit en chaîne, de maillon en maillon, d'organe en cellule, chaque partie, chaque élément indissociablement lié aux autres. Comme un coup de bâton dans une fourmilière, une bombe dans un stade un dimanche, le stress est le grand perturbateur d'une mécanique qui soudain s'enraie, se grippe, tourne à vide ou tourne faux. En abattant une partie de ses systèmes de défense, il ouvre une brèche par où s'engouffrent microbes ou virus. Et ouvre ainsi la voie à des désordres plus profonds, plus graves, plus dangereux.

STRESS ET CANCER

On ne peut pas parler de coïncidence quand un banquier meurt d'un cancer généralisé mais foudroyant quelques mois après avoir fait faillite, quand un ministre meurt d'un cancer moins de deux ans après avoir été désavoué par ses amis et évincé d'un gouvernement, quand une jeune femme présente un cancer du sein moins d'un an après avoir connu une humiliation conjugale, quand les statistiques prouvent que le cancer apparaît fréquemment dans les six à douze mois qui suivent un traumatisme existentiel, un deuil, une séparation, une rupture, un licenciement.

On peut évoquer la psychosomatique quand des

souris, à qui on injecte des cellules tumorales et qu'on soumet à des chocs électriques répétitifs auxquels elles ne peuvent échapper, développent, sous l'effet de ce stress inévitable, une tumeur plus précoce et à évolution plus rapide que le lot témoin non soumis au choc électrique. Si un système leur permet d'éviter les chocs électriques, ces souris évoluent comme les souris du lot témoin. Le fait de pouvoir échapper au stress évite le développement de la tumeur.

Ainsi, le fait de pouvoir contrôler le stress et lui échapper compte plus que le stress lui-même.

Des souris protégées de toute agression ou violence extérieure ont moins de cancers de la mamelle (15 % contre 75 %) que les autres. De nombreuses expériences dans le monde animal, des milliers d'exemples dans la vie quotidienne des humains, posent chaque jour le difficile problème de la relation de cause à effet entre stress, facteurs psycho-émotionnels et psychosociaux, et cancer.

L'agression, quelle qu'elle soit, favorise chez l'animal l'apparition du cancer, en particulier s'il ne peut s'en protéger. S'il peut se défendre contre cette agression, et surtout s'il peut exprimer et défouler son agressivité, la tumeur a moins de chance de se développer. Des chercheurs canadiens ont étudié une lignée de souris présentant naturellement et spontanément 95 % de cas de leucémie. 25 % seulement en sont atteintes chez celles que l'on met dans une cage où elles peuvent à loisir s'agresser les unes les autres !

L'agressivité exprimée joue un rôle de défoulement et d'évacuation du stress subi et, peut-être, un rôle protecteur contre le développement du cancer.

Le stress semble donc jouer un rôle favorable dans l'apparition du cancer, probablement en raison de son effet immunodépresseur qui, en abaissant l'immunité et en affaiblissant le système de défense, diminue aussi l'efficacité des cellules tueuses chargées d'éliminer les cellules cancéreuses.

STRESS ET SIDA

On sait à la fois beaucoup sur le sida et peu sur la manière de le guérir. Mais on pense aujourd'hui que d'autres facteurs doivent favoriser la multiplication du virus et l'apparition de la maladie, ou le passage de la séropositivité au déclenchement de la maladie. Parmi eux, le stress joue probablement un rôle important en raison, une fois encore, de son effet immunodépresseur. Être séropositif ne signifie pas avoir le sida, mais seulement qu'on peut l'avoir.

Ceux qui savent maîtriser leur stress et ont une bonne hygiène de vie préservent longtemps une bonne immunité qui leur permet de lutter contre le virus qu'ils portent en eux, retardant ainsi l'apparition de la maladie. Et c'est peut-être pourquoi l'on peut douter qu'il soit toujours bon d'annoncer à tout prix la séropositivité : un être un peu fragile psychologiquement, non seulement ne pourra assumer cette nouvelle, mais le stress ressenti risque de le faire basculer. Il faut pourtant protéger l'entourage du sujet et, au-delà, la société. Choix difficile, que le courage oblige pourtant à affronter.

STRESS ET MALADIES DES YEUX

Autre cible privilégiée des dégâts du stress : l'œil et le globe oculaire. Certains glaucomes, dits « à angle fermé », des rétinopathies, dites « angiospastiques », responsables de troubles de la vision et posant de difficiles problèmes thérapeutiques, sont dus au stress. On a décrit aussi de véritables névroses à localisation oculaire, apparaissant après des traumatismes psychologiques ou affectifs et se manifestant par des douleurs dans l'œil ou des troubles de la vision... sans raison clinique apparente.

Très caractéristique et assez fréquente, l'impression de « voile » devant un œil, appelée choriorétinite séreuse centrale, apparaît brutalement.

Si le diagnostic est confirmé par les examens, la baisse de l'acuité visuelle n'est pas corrigée par des verres correcteurs et, au plan strictement ophtalmologique, les possibilités thérapeutiques sont plutôt minces. Là encore, il faut chercher la cause pour soigner l'effet apparent.

À chacun son point faible

Des stress différents produiront souvent, chez le même individu, des effets semblables. Un même stress aura, chez deux personnes différentes, des conséquences également différentes. Chacun réagit à sa manière, avec sa propre personnalité, et celle-ci détermine à la fois ses forces et ses faiblesses. Quand ça va mal, quand on est agressé, contraint, mal à l'aise, c'est le « terrain » qui s'exprime, et le défaut de la cuirasse qui cède.

Chaque être a un point faible, quelque part un gène dont il a hérité, un tempérament nerveux, ou sanguin, ou lymphatique, une hérédité vasculaire, diabétique, celluliti-

que... l'overdose de stress atteinte, c'est là qu'il sera touché.

Hans Selye compare l'individu à un ressort sur lequel on tire. Après un certain nombre de tractions (de stress), il craque au niveau le plus faible de sa fabrication. Ainsi de l'être humain : c'est au niveau de son « point faible de fabrication » que le stress s'exprime et se manifeste. Il existe, on le sait, des familles de cardiaques comme il y a des familles de grands, ou à peau mate. Parce qu'il aggrave les déséquilibres internes, le stress est un révélateur des failles, des anomalies, des cassures physiques ou psychiques. Il existe ainsi un lien entre le moi et le mode de réaction au stress, et celui-ci et la prédisposition à un type de maladie.

Il est de plus en plus couramment admis qu'il y a une corrélation entre le profil psychologique d'un sujet et la maladie qu'il a ou risque d'avoir. Et l'on a ainsi dressé le tableau clinique comparatif des types psychologiques, la symptomatologie à laquelle on est, en quelque sorte, prédestiné par son tempérament.

Les sujets de type A sont plus prédisposés à une pathologie cardio-vasculaire : hypertension artérielle, angine de poitrine, infarctus du myocarde, hémorragie cérébrale, mais aussi ulcère gastro-duodénal. Le risque de maladie coronarienne et d'infarctus est, selon les statistiques, deux à trois fois plus important chez le sujet de type A que chez le sujet de type C, et ils accumulent souvent les facteurs de risque cardio-vasculaire : taux de cholestérol et de graisses élevé, excès de poids, diabète patent ou latent, tabagisme... extravertis, anxieux, tendus, les « types A » sont des candidats de choix pour les maladies cardiaques, et en particulier coronariennes.

Les sujets de type C sont plus prédisposés à la dépression nerveuse, aux rhumatismes, aux infections, à l'allergie, et probablement au cancer, car l'excès de sécrétion de cortisol provoque un abaissement de leurs défenses immunitaires.

Les sujets de type B sont naturellement protégés parce qu'ils contrôlent mieux leurs sécrétions hormonales.

Dans un jeu vidéo opposant des étudiants inexpérimentés à un champion, il a été prouvé que, lorsque le champion jouait volontairement au-dessous de son niveau, les étudiants de type B sécrétaient plus d'hormones de stress que ceux de type A. Mais, lorsque le jeu devenait plus difficile et que le champion jouait à son niveau, la sécrétion hormonale atteignait très vite des taux très élevés chez les étudiants de type A, alors qu'elle restait inchangée chez ceux du type B, parce que ces derniers gardaient leur calme et leur maîtrise du jeu. Certains ont cherché à aller plus loin, à déterminer par-delà les groupes des sous-groupes D1, D2, D3, les uns étant prédisposés à la délinquance, d'autres ayant des tendances suicidaires. Au jeu du déterminisme, il est sûrement tentant d'aller le plus loin possible. Il n'est pas forcément sain, ni juste, d'enfermer dans un monde incontournable un être humain doué d'intelligence, de capacités d'adaptation et de réaction.

Savoir à quel type de profil psychologique on appartient n'a de sens que si on en tire un enseignement. Si on en fait la clef d'une meilleure connaissance de soi permettant de mieux se défendre contre le stress et donc la maladie.

Profils et maladies

LE CANDIDAT AU CANCER

La corrélation entre le profil psychologique d'un individu, son comportement face au stress et l'apparition d'un cancer ne fait pas l'unanimité chez les cancérologues. Il est vrai que nos connaissances sur la genèse de cette maladie comportent bien des lacunes. Vrai aussi que, pour certains spécialistes, les échelles psychologiques utilisées pour étudier le comportement semblent peu fiables. Mathématiques, statistiques et psychologie font rarement bon ménage. Il n'empêche que d'éminents cancérologues, et parmi eux Georges Mathé, admettent que l'on doit sérieusement se poser la question du rapport entre psychisme, stress et risque cancérigène.

« Il est temps d'accepter de considérer le rôle thérapeutique mais aussi étiologique, pathogénique et physiopathologique de l'immunité, et aussi de l'état psychomental et d'envisager son étude et sa régulation préventive au même titre que celle des métabolismes et des fonctions organiques », dit le Pr Georges Mathé.

Le trait commun aux candidats au cancer serait un comportement d'inhibition face à l'agression, de difficulté à exprimer son hostilité et sa colère, de refoulement et de ressentiment. Ceux qui répriment leur identité, ceux qui ont peur de s'affirmer, offriraient aussi un terrain favorable à l'apparition d'une tumeur. Tous, en tout cas, présentent souvent une importante sécrétion chronique de cortisol, donc un affaiblissement de leur système de défense immunitaire, lui-même susceptible de favoriser le développement du cancer.

Les avis sont contradictoires sur « le » dénominateur commun caractérisant la personnalité et le comportement du candidat type au cancer. On évoque aussi la solitude morale, la perte non supportée d'un être cher, la séparation mal vécue, quel que soit l'objet de la séparation, le désespoir dont on ne se remet pas. Une chose est sûre : le chagrin qui étouffe, la solitude qui oppresse, l'enfermement sur soi, ravagent les défenses de l'individu et abolissent ses barrières naturelles. Il devient alors une proie facile aux agressions extérieures comme aux dérèglements intérieurs. Destruction, autodestruction, la frontière est souvent floue : l'organisme humain semble, à certains moments, suivre ses propres lois, résistant autant qu'il le peut à la maladie mais s'y enfonçant au contraire, lorsqu'il a basculé de l'autre côté.

L'HYPERTENDU

Les refoulés, les anxieux, les dépressifs, mais aussi les froids, ceux qui refoulent leurs sentiments, cachent leurs émotions, les angoissés qui ont peur des changements sont souvent victimes d'hypertension. Généralement hyperémotifs, ils ont si peur de le montrer qu'ils semblent dépourvus d'affectivité, agressifs, ils jouent les calmes et usent leur énergie à sans cesse contrôler, maîtriser, gommer l'expression spontanée de leur vraie personnalité.

L'hypertension apparaît, d'après les travaux les plus récents, en France comme aux États-Unis, comme la maladie type de l'inadaptation. Le syndrome de l'intériorisation excessive. J'ai souvent constaté que l'hypertension touche souvent des individus du type A qui inhibent leur agressivité.

LE CORONARIEN

Le candidat aux maladies coronariennes ou à l'infarctus du myocarde est tout le contraire : extraverti, pressé, ambitieux, dominateur, hyperactif, il s'exprime, s'emporte, s'affirme, parfois avec violence. Trop : l'excès d'adrénaline le fait vivre sur le fil du rasoir et, lorsqu'on le met en garde, il regimbe. Il veut tout et se casse souvent, net, en pleine force de l'âge. Quand il tombe, il repart, récidive, son infarctus aussi. Difficile à modérer, comme un torrent, il est pour son médecin un client impossible, patient impatient qui ne croit pas qu'il peut, lui aussi, tomber malade.

L'ULCÉREUX

Besoin inconscient de prise en charge, de soutien, de dépendance, envie de responsabilités, de liberté, d'indépendance, le sujet prédestiné à l'ulcère gastro-duodénal oscille souvent entre les deux. Parfois il veut dépendre de l'autre, s'infantiliser, s'abriter, parfois il rejette ce qu'il ressent soudain comme un frein, un poids, une contrainte. Il hésite, il balance. Actif et tendu, ou passif avec des tendances anxieuses et dépressives, dans les deux cas la situation de frustration et de stress favorise l'apparition d'un ulcère, étrangement lié aussi, quelquefois, à l'arrêt, sans motivation suffisante, du tabac.

Toutes ces hypothèses ne sont évidemment pas confirmées par des études psychologiques précises et scientifiquement valables pour la simple raison qu'il existe encore un divorce, même atténué, dans la médecine traditionnelle entre le pathologique et

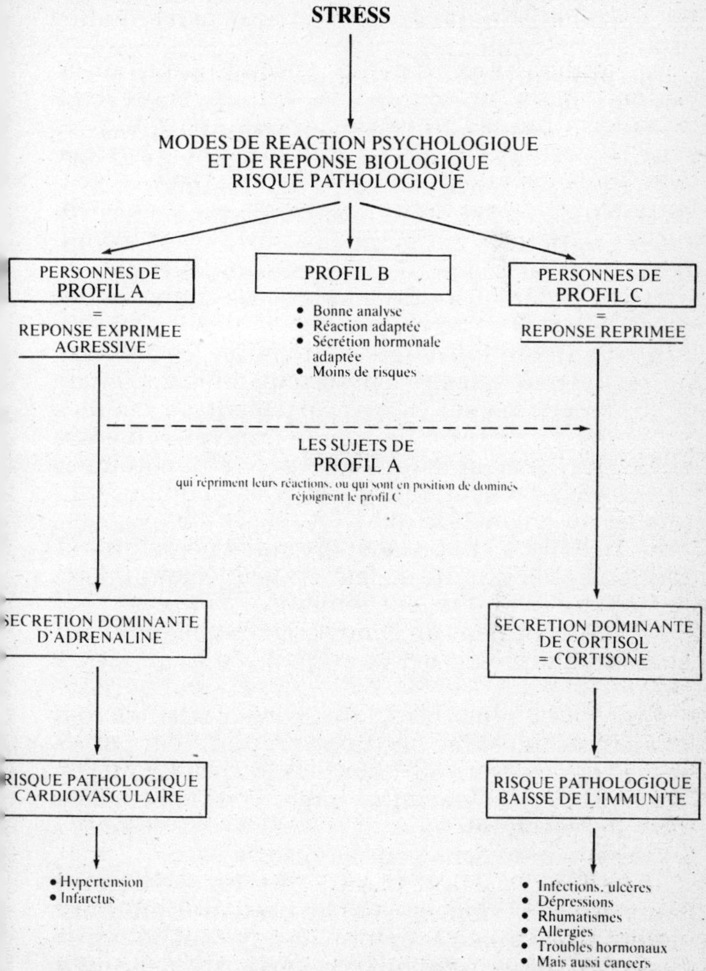

(D'après le docteur Bensabat).

le psychologique auquel on ne reconnaît pas formellement une influence et qu'on ne dispose pas encore d'outils fiables pour étudier la personnalité et le comportement.

La psychobiologie des comportements en est encore à ses débuts, mais elle ouvre un champ d'études intéressant pour l'avenir. Car il ne fait pas de doute que les liens sont étroits entre comportement, état psychologique et système biologique et immunitaire. Certaines techniques, qui permettent de mieux ajuster notre comportement face à l'agression, peuvent jouer un rôle dans la lutte contre de nombreuses maladies, et parmi elles, le cancer.

Il est aujourd'hui admis par tous que les malades qui coopèrent mieux s'en sortent mieux. L'étude faite à Londres sur le comportement de femmes atteintes d'un cancer du sein le prouve. 57 d'entre elles, qui avaient subi l'ablation d'une tumeur cancéreuse du sein, ont été suivies pendant cinq ans, et on a constaté que :

— 20 adoptaient un comportement positif, niant totalement la gravité de leur état et décidant de se battre et de vaincre leur maladie ;

— 37 adoptaient un comportement négatif, persuadées que c'était grave et qu'il n'y avait rien à faire.

Cinq ans plus tard, 75 % des patientes qui avaient décidé de se battre ne présentaient pas de métastases, contre 35 % pour les autres. La mortalité était de 10 % parmi les premières, contre 38 % chez les secondes.

Ces constatations sont significatives.

Il ne faut pourtant pas en tirer de conclusions hâtives ou hasardeuses. **On ne peut évidemment pas traiter un cancer par la psychothérapie. Mais on peut préventivement apprendre à mieux se comporter, à mieux réagir pour ne**

pas favoriser le dérèglement d'un processus tumoral dont nous pouvons tous être porteurs.

Parfois, la foi aussi peut sauver.

Chapitre 4

TESTEZ VOTRE STRESS

Il est évidemment plus difficile d'évaluer l'état de stress d'un individu que de diagnostiquer une scarlatine.

Dans l'état actuel de nos connaissances, on ne peut qu'apprécier indirectement la dose de stress accumulée par ses conséquences cliniques : symptômes et maladies, et biologiques : modifications de certains paramètres sanguins.

Cliniquement, certains signes sont sans conteste liés au stress. Des troubles du sommeil à l'irritabilité, nous les avons évoqués. D'autres, moins évidents, demandent une enquête diagnostique sérieuse pour éliminer toute cause organique.

Les maladies qu'on dit d'adaptation comme le psoriasis, certains ulcères, la rectocolite hémorragique, la dépression nerveuse réactionnelle, etc., sont habituellement faciles à identifier et plus personne ne conteste qu'elles soient directement liées à un état de stress chronique. Mais quel que soit le symptôme, on ne peut tenter de mesurer l'état de stress d'un patient que par un examen approfondi non seulement médical, mais psychologique et humain : parce qu'elles se cachent souvent dans l'existence du sujet, il faut rechercher les causes du stress dans les événements de sa vie affective, sociale et professionnelle, présente et parfois passée.

Du point de vue biologique, il n'existe pas de

diagnostic spécifique du stress comme il existe un sérodiagnostic de la typhoïde ou de l'hépatite, mais plutôt un diagnostic indirect par évaluation des conséquences métaboliques et hormonales dont certaines sont très évocatrices comme la chute du taux de cholestérol HDL, et surtout l'élévation du cortisol libre.

Certains confrères américains utilisent aujourd'hui un nouveau test appelé stress-test basé sur le dosage du taux de cortisol libre avant et après une épreuve de stress.

Le bilan peut être complété par un test de *biofeedback* qui permet d'apprécier la sensibilité au test et le degré de l'état de stress à partir du degré de contracture musculaire, de la température cutanée ou de transpiration, qui sont les reflets objectifs de l'activité du système sympathique créée par le stress.

Portrait d'un stressé

LES SIGNAUX D'ALARME DU STRESS

Qui est stressé ? Qui ne l'est pas ? Celui qui se ronge les ongles, a des gestes brusques ou au contraire semble absent ? Celui qui crie pour un oui ou pour un non, ou cet autre qui répond à peine et semble toujours vouloir qu'on l'oublie ? Quelques symptômes beaucoup plus révélateurs étaient le diagnostic d'un trop-plein de stress.

Le stressé peut en avoir un seul ou en réunir plusieurs. Il ne faut pas les négliger. Ils sont un signal d'alarme et traduisent une difficulté d'adaptation importante.

On est stressé quand :

— on commence à mal dormir et que le sommeil n'est plus réparateur ;

— on tombe de sommeil immédiatement après le dîner devant sa télévision, et qu'on se réveille vers 1 ou 2 heures du matin pour ruminer le plus souvent les problèmes de la journée ou ceux du lendemain ;

— on a du mal à s'endormir et que l'on reste, yeux grands ouverts, fixé sur une idée ou un problème dont on n'arrive pas à se débarrasser ;

— « on n'a plus la forme », qu'on a du mal à démarrer le matin, qu'on se réveille déjà fatigué ;

— on devient nerveux, impatient, irritable, énervé pour un rien ;

— on ne supporte plus les contrariétés, les contretemps ;

— on ne supporte plus les autres, qu'on veut être seul, « rentrer dans sa coquille » ;

— on ne peut plus faire d'effort de compromis ni d'adaptation ;

— on devient plus anxieux, plus angoissé ;

— on a du mal à entreprendre des choses nouvelles et même à faire des choses habituelles et que chaque difficulté devient un obstacle ;

— « on n'a plus goût à rien » ;

— on n'arrive plus à prendre de décision ni à assumer ses responsabilités ;

— on n'arrive plus à se concentrer et que la mémoire fait de plus en plus défaut ;

— les rapports sexuels deviennent difficiles et que le désir passe, tout doucement ;

— on a des contractures musculaires à répétition, douloureuses, n'importe où, souvent dans le cou ou le dos ;

— commencent à apparaître et à se répéter, sans explication, un trouble digestif, ou une poussée d'herpès, ou n'importe quelle éruption, à moins que ce ne soit une poussée passagère d'hypertension ou toute une symptomatologie bâtarde et inexpliquée.

Tous ces symptômes sont des signaux d'alarme. Ils traduisent une difficulté à vivre, des problèmes professionnels ou personnels, ils indiquent à qui sait les reconnaître que le sujet se laisse envahir par ses stress, signes de détresse, appels au secours du corps. Ils expriment souvent des problèmes psychologiques. Nous devons comprendre d'urgence ces messages codés, avant qu'il ne soit trop tard.

Évaluation biologique de l'état de stress

Il n'est pas toujours nécessaire de recourir à des examens biologiques, à des analyses de sang ou d'urine, pour confirmer un diagnostic de stress. Il suffit souvent d'écouter le patient, de faire le bilan de ses différents troubles et de confirmer leur lien avec des conditions de vie difficiles.

Bien que le stress puisse modifier n'importe quel paramètre sanguin, la biologie courante n'est pas toujours parlante en ce cas. Mais certaines de ces modifications sont, elles, significatives.

L'ABAISSEMENT DU TAUX DE CHOLESTÉROL HDL

Cet abaissement, bon indice de stress, est inconstant et ne se rencontre, d'après mes conclusions, que chez les personnes de type A.

Le stress agit directement, par un mécanisme encore inconnu, sur la formation du cholestérol HDL, diminuant son taux dans le sang, ce qui constitue un risque d'accident cardio-vasculaire, car cette chute entraîne une moindre protection des artères contre le dépôt du cholestérol LDL. Le cholestérol HDL favorise l'expulsion du LDL vers le foie ou il est dégradé et éliminé.

Le taux moyen du cholestérol HDL dans le sang (0,70 g/l) peut s'abaisser dangereusement dans le stress chronique, jusqu'à des taux de 0,30 g à 0,45 g. Or de nombreux travaux confirment que les personnes qui ont un accident cardiaque ont souvent un taux de cholestérol HDL abaissé.

Le Dr Framinghan a codifié le facteur de risque cardio-vasculaire en fonction du taux de cholestérol HDL, ou plus exactement du rapport cholestérol total/HDL. Pour le Dr Castelli, le risque moyen est de 20 à 25 % de chances d'avoir une maladie cardiaque à soixante ans. Ce risque correspond à un rapport de cholestérol total/HDL égal à 5. L'élévation du taux de HDL diminue le risque d'accident cardiaque. On sait que le surmenage, une forte tension psychologique, mais aussi le tabac, le manque d'activité physique et le stress en général abaissent le taux de cholestérol HDL, alors que la détente, le sport et, selon le Dr Pauling, la vitamine C le font augmenter.

L'ÉLÉVATION DU TAUX DE CHOLESTÉROL

Une augmentation du taux de cholestérol total lorsqu'on a une alimentation saine, équilibrée, pauvre en graisses, est un indice de stress.

L'ÉLÉVATION DU TAUX DES TRIGLYCÉRIDES ET DES ACIDES GRAS LIBRES

Ils sont également un indice, mais inconstant. Les expériences faites par le Pr Lennart Levi le confirment : la plupart des sujets soumis à un stress important pendant quelques jours présentent en fin d'expérience des taux anormalement élevés de triglycérides et d'acides gras à partir des réserves d'adrénaline, elle-même libérées par le stress.

L'AGRÉGATION PLAQUETTAIRE

Due à une plus grande adhésivité des plaquettes sanguines, elle est aussi un bon reflet d'un état de stress chronique. Elle crée un risque de thrombose vasculaire lié à une élévation de la viscosité sanguine et à une hypercoagulabilité. Le stres engendre parfois une fibrinolyse responsable d'accidents hémorragiques sévères, qui s'observent plutôt dans les cas de stress important de toxi-infection.

L'ÉLÉVATION DE LA VITESSE DE SÉDIMENTATION

Elle peut s'observer de façon tout à fait inconstante en dehors de toute autre cause « normale », inflammatoire ou infectieuse, et doit être alors reliée au stress.

L'ÉLÉVATION DU TAUX DE CATÉCHOLAMINES (ADRÉNALINE)

Elle apporte évidemment la confirmation de l'existence d'un état de stress, mais ce n'est pas un examen de routine. D'autre part, on ne l'observe aisément que lors du déroulement immédiat d'une situation stressante aiguë, et pas forcément dans les situations de petit stress chronique qui nous intéressent davantage.

En phase aiguë de stress, le taux augmente très rapidement et peut atteindre un seuil dangereux.

Les expériences faites sur des étudiants soumis à des tâches à haute responsabilité ou exigeant une attention importante et soutenue, ou à des émotions importantes (film érotique) ont montré une élévation très importante du taux des catécholamines pendant l'expérience.

L'expérience faite sur les coureurs automobiles et chez les sportifs lors d'une compétition montre également une élévation constante du taux des catécholamines pendant l'épreuve.

L'ÉLÉVATION DU CORTISOL

Elle s'observe aussi bien dans les situations de stress aigu que chronique. Dans le stress aigu, la sécrétion est importante mais transitoire ; dans le stress chronique, la sécrétion est modérée mais continue.

Dans les expériences de projection de films émotionnels, le taux de cortisol s'élevait de façon très significative. Chez les sportifs, l'effort musculaire important s'accompagne également d'une augmentation du taux de cortisol.

Dans de nombreuses maladies, on observait* une élévation importante du taux de cortisol dit libre, sans que l'on sache très bien à quelle cause relier cet effet. Ainsi, dans :

— les dépressions nerveuses réactionnelles, mais aussi les dépressions dites mélancoliques endogènes ;

— l'anorexie mentale ;

— la boulimie ;

— l'hypertension artérielle ;

— l'insomnie, l'endométrite, l'ulcère de l'estomac, la sclérose en plaques, le sida, la maladie d'Alzheimer, le psoriasis, l'herpès récidivant, et bien d'autres maladies, et chez les drogués et les alcooliques.

Dans tous les cas, il existe un état de stress. Il a été également prouvé que le taux de cortisol libre est élevé dans le vieillissement prématuré, qui n'est lui-même que la conséquence d'une usure rapide favorisée par trop de stress.

Le taux de cortisol libre serait d'une façon générale élevé dans les états de stress chronique.

Et cette élévation du taux de cortisol est responsable de la baisse des défenses immunitaires et de la sensibilité aux infections et à certaines affections.

Chez un sujet normal, le taux de cortisol est de 1 + ou — 0,8 vg/dl. Mesuré dans certaines situations, il s'est révélé élevé :

— lors d'un acte chirurgical : 0,6 à 9,3 ;

— lors d'une brûlure : 8,6 à 38 ;

— lors d'une infection : 16 à 33 ;

* *Stress, cortisol, interféron et maladies du stress* (Dr Alfred Sapse, U.S.A.) et *The Neuroendocrinology of Stress and Aging — The Glucoticoid Cascad Hypothesis* (Robert M. Sapolsky-Lewis, C. Krey and Bruce S. Mc Even).

— lors d'un décès après une longue maladie : 35 + 7.

Cette élévation n'est cependant pas toujours constante, surtout au début des états de stress, où intervient un phénomène normal et naturel de contrôle et de régulation de la production de cortisol. La variation est plus significative à étudier après stress-test.

Dans la pratique, nous nous contentons souvent — et à juste titre — de symptômes de notre patient : ils expriment fidèlement et suffisamment le malaise dû au stress.

Les examens particuliers, et surtout le dosage du cortisol libre, seront réservés aux cas difficiles, ou les plus sévères. Seuls ils permettent en effet d'évaluer l'importance du déséquilibre hormonal et de la détérioration du processus cérébral de contrôle.

STRESS-TEST ET DOSAGE DU CORTISOL LIBRE

Sous l'effet du stress, le taux de cortisol libre augmente, traduisant dans le cadre du syndrome général d'adaptation et de la mise en jeu du système hypothalamo-hypophysaire, l'intervention des glandes surrénales qui produisent le cortisol sous l'effet de la stimulation de l'ACTH produit par l'hypophyse.

Rappelons que le taux de cortisol libre au repos est de l'ordre de 1 + ou — 0,8 vg/dl.

Lors des situations de stress, ce taux s'élève pour atteindre des chiffres très élevés quand le stress est important.

Pour sensibiliser le test-diagnostic, le dosage du

cortisol est pratiqué avant et après une épreuve stressante simple de cinq à dix minutes.

Chez le sujet sensible au stress ou déjà stressé, l'élévation du taux de cortisol après l'épreuve stressante est beaucoup plus importante que chez un sujet normal ou un sujet qui maîtrise bien le stress.

LE TEST DU BIOFEEDBACK

Quand on est stressé, on a froid aux mains ou des palpitations, on transpire ou on a mal aux muscles, on a trop chaud ou on se sent glacé... Ce sont ces réactions physiologiques qu'étudie le *biofeedback*, méthode venue tout droit des U.S.A. utilisée pour diagnostiquer le stress, et surtout pour le traiter. Son principe est simple: les données sur la température cutanée, le degré de tension musculaire, la transpiration, le rythme cardiaque, etc. sont recueillis à l'aide de petites électrodes appliquées sur la peau, enregistrées par un appareil qui les mesure, les convertit et les renvoie sous forme de signaux sonores ou lumineux.

La tension musculaire est ainsi généralement prise sur le front et exprimée sous forme d'une lumière qui varie du rouge stress intense au vert relaxation, et d'un son d'autant plus rapide que le sujet est plus tendu.

À chaque paramètre physiologique correspond un *biofeedback*. Le *biofeedback* EMG (ou électromyographique) est le plus utilisé et le mieux adapté à l'étude du stress car il mesure la tension musculaire toujours élevée quel que soit l'individu, dans une situation de stress. Les autres *biofeedback*: de la tension artérielle, des ondes cérébrales... sont utilisés selon le mode de réaction réel ou supposé de la personne concernée.

Tests pour évaluer vous-même votre stress

Le caractère de quelqu'un, son tempérament, son comportement, ses réactions ne se mesurent pas encore mathématiquement, et aucune méthode scientifique totalement fiable ne permet aujourd'hui de mesurer le rapport entre le stress et la maladie. Les échelles psychologiques existantes sont encore approximatives et la plupart des tests proposés ici ou là n'ont sur le psychisme d'un individu qu'une valeur indicative.

Nous vous proposerons cependant quatre tests pour vous aider à mieux vous connaître, vous situer, comprendre vos points faibles et analyser certaines de vos réactions. Ils n'ont pas valeur de dogme, mais si vous les faites honnêtement, ils vous seront utiles pour éviter, peut-être, certains stress et mieux réagir à certains autres.

ÊTES-VOUS CANDIDAT AU STRESS ?

Test du docteur Soly Bensabat

Répondez à ce test avant de lire l'interprétation des résultats. Répondez par **OUI** ou par **NON**.

QUESTIONS	oui	non
1. Êtes-vous au chômage ou menacé de perdre votre emploi ?		
2. Avez-vous des troubles chroniques de santé qui vous font souffrir ou vous handicapent ?		
3. Êtes-vous en instance de divorce ou divorcé malgré vous, et le vivez-vous mal ?		
4. Avez-vous l'impression que votre vie n'a pas de sens ni de but, et cela vous dérange-t-il ?		
5. Êtes-vous plutôt mal à l'aise dans votre peau ?		
6. Votre travail est-il plutôt ennuyeux, peu stimulant ou ne vous donne-t-il pas le temps de souffler ? *(Si vous ne travaillez pas, répondez par non.)*		
7. Avez-vous du mal à vous adapter aux contraintes et aux agressions du monde moderne ?		
8. Êtes-vous plutôt seul dans la vie ou isolé de vos amis et de votre famille, et cela est-il un manque pour vous ?		
9. Avez-vous peu de satisfactions dans votre vie ?		
10. Êtes-vous plutôt insatisfait de votre vie professionnelle ou inadapté à votre travail ? *(Si vous ne travaillez pas, répondez par non.)*		
11. Manquez-vous d'une certaine dose d'humour pour surmonter les misères et les mesquineries quotidiennes ?		
12. Êtes-vous plutôt introverti ?		
13. Êtes-vous plutôt insatisfait de votre vie conjugale ? *(Si vous vivez seul, répondez par non.)*		
14. Vous emportez vous pour un rien ?		
15. Avez-vous subi trop de bouleversements ou de changements dans votre vie, depuis quelques années ?		
16. Êtes-vous plutôt jamais satisfait ?		
17. Avez-vous tendance à ruminer chaque fois que ça ne va pas ?		
18. Êtes-vous plutôt sensible aux critiques ?		
19. Avez-vous du mal à prendre du recul par rapport aux situations agressives ?		

QUESTIONS	oui	non
20. Avez-vous du mal à vous affirmer?		
21. Votre travail, ou l'équivalent si vous êtes au foyer, est-il pour vous une source féquente d'agressions, de contrariétés ou de contraintes? *(Si aucune situation ne vous concerne, répondez par non.)*		
22. Manquez-vous d'affection?		
23. Avez-vous plutôt du mal à vous organiser et à gérer votre temps?		
24. Votre vie conjugale est-elle agressive, plutôt contraignante ou non satisfaisante? *(Si vous vivez seul, répondez par non.)*		
25. Faites-vous un travail à très hautes responsabilités ou à grands risques?		
26. Êtes-vous en situation de compétition permanente?		
27. Avez-vous tendance à en faire plus que vous ne le pouvez?		
28. Êtes-vous plutôt rancunier?		
29. Avez-vous du mal à relativiser les agressions et ce qui ne va pas?		
30. Avez-vous plutôt une mauvaise hygiène de vie?		
31. Avez-vous dans votre vie très peu de facteurs de compensation aux ennuis et aux agressions que vous subissez?		
32. Votre vie est-elle plutôt ennuyeuse et pas passionnante?		
33. Avez-vous le sentiment d'être dévalorisé ou peu considéré par vos proches ou vos collègues?		
34. Avez-vous du mal à joindre les deux bouts?		
35. Avez-vous tendance à laisser traîner les choses, à ne pas trancher, à ne pas décider?		

INTERPRÉTATION DES RÉSULTATS

OUI : 2 points.
NON : 1 point.
Pour les questions 1, 2 et 3 : **OUI** = 18 points,
NON = 1 point.

■ RÉSULTATS

— *Au dessous de 36 points :* vous n'êtes pas candidat au stress.
— *De 36 à 52 points :* vous êtes candidat au stress.
— *De 53 à 118 points :* vous êtes sérieusement candidat au stress.

La probabilité d'être candidat au stress augmente avec le nombre de points.

AVEZ-VOUS UN COMPORTEMENT QUI VOUS PROTÈGE CONTRE LE STRESS ?

Test du docteur Bensabat

Répondre par : — **T**oujours ;
— **S**ouvent ;
— **P**arfois ;
— **J**amais ;

en cochant dans la colonne le nombre de points correspondant à la réponse.

QUESTIONS	T	S	P	J
1. Avez-vous tendance à ruminer les problèmes qui vous tracassent ?	4	3	2	1
2. Avez-vous tendance à râler quand vous n'obtenez pas les choses au moment où vous voulez et comme vous voulez ?	4	3	2	1
3. Avez-vous du mal à garder votre sang-froid ?	4	3	2	1
4. Êtes-vous généralement content de ce que vous avez et de ce que vous obtenez ?	1	2	3	4
5. Avez-vous tendance à vouloir toujours plus ?	4	3	2	1
6. Avez-vous tendance à avoir une mauvaise opinion de vous et à vous considérer comme un « bon à rien » ou à culpabiliser ?	4	3	2	1
7. Êtes-vous de ceux qui ne perdent pas de vue l'essentiel des choses ?	1	2	3	4
8. Dites-vous souvent des choses et des événements « ce n'est pas ceci ou cela » et « ce n'est pas la fin du monde » ?	1	2	3	4
9. Considérez-vous les échecs comme une catastrophe ?	4	3	2	1
10. Considérez-vous qu'il y a d'autres sources de satisfaction que l'argent ?	1	2	3	4
11. Avez-vous du mal à retrouver votre calme après une contrariété, un contretemps ou une déception ?	4	3	2	1
12. Savez-vous dire non quand il le faut et exprimer le plus souvent ce que vous pensez?	1	2	3	4
13. Passez-vous à autre chose quand ça ne vaut plus la peine ?	1	2	3	4
14. Vous obstinez-vous inutilement quand vous rencontrez un obstacle ?	4	3	2	1
15. Avez-vous tendance à désespérer et à perdre le contrôle quand vous rencontrez des obstacles ou quand les choses tournent différemment ?	4	3	2	1

QUESTIONS	T	S	P	J
16. Prenez-vous le temps d'écouter et de comprendre avant de réagir spontanément?	1	2	3	4
17. Acceptez-vous de revenir sur votre position et de la modifier pour faire évoluer les choses?	1	2	3	4
18. Considérez-vous les critiques comme un élément positif du dialogue et non comme une attaque personnelle?	1	2	3	4
19. Acceptez-vous avec indulgence que tout le monde puisse se tromper?	1	2	3	4
20. Admettez-vous que vous pouvez ne pas avoir raison?	1	2	3	4
21. Gardez-vous rancune?	4	3	2	1
22. Êtes-vous prêt à vous excuser quand vous avez tort?	1	2	3	4
23. Prenez-vous à la lettre ce qu'on dit de vous?	4	3	2	1
24. Êtes-vous « malade » quand vous n'êtes pas le « centre d'intérêt » en société?	4	3	2	1
25. Considérez-vous le changement comme une source d'enrichissement et non comme une difficulté?	1	2	3	4
26. Appelez-vous un ami ou un parent quand vous avez des difficultés ou des problèmes?	1	2	3	4
27. Prenez-vous le temps d'annoncer et d'expliquer à votre entourage ce que vous allez faire?	1	2	3	4
28. Savez-vous changer totalement de type d'activité quand vous êtes contrarié ou fatigué par ce que vous faites?	1	2	3	4
29. Prenez-vous le temps de réfléchir avant de vous engager ou de promettre quelque chose?	1	2	3	4
30. Êtes-vous bien organisé et maître de votre temps?	1	2	3	4

INTERPRÉTATION

- Totalisez votre nombre de points.
- Plus le nombre de points est élevé, moins votre comportement vous protège contre le stress.

■ RÉSULTATS

— *Au dessous de 31 points :* votre comportement vous protège généralement bien contre le stress.

— *De 31 à 60 points :* votre comportement vous protège occasionnellement contre le stress.

— *De 61 à 90 points :* votre comportement vous protège mal contre le stress.

— *De 91 à 120 points :* votre comportement ne vous protège pas contre le stress.

ÊTES-VOUS EN MANQUE DE STRESS ?

Test du docteur Bensabat

Répondez par : — **T**oujours ;
— **S**ouvent ;
— **P**arfois ;
— **J**amais ;

en cochant dans la colonne le nombre de points correspondant à la réponse.

QUESTIONS	T	S	P	J
1. Vous ennuyez-vous dès que vous n'êtes pas en activité et que rien ne se passe ?	4	3	2	1
2. Êtes-vous plus en forme quand il y a pleine activité et projets en cours ?	4	3	2	1
3. Êtes-vous plus productif et plus éveillé quand la pression est plus grande?	4	3	2	1
4. Êtes-vous dépassé quand on vous demande plusieurs choses à la fois ?	1	2	3	4
5. Avez-vous horreur « qu'on vous bouscule » et qu'on vous presse ?	1	2	3	4
6. Préférez-vous faire des choses routinières ?	1	2	3	4
7. Cherchez-vous à passer à autre chose dès que vous avez terminé ce que vous avez à faire ?	4	3	2	1
8. Cherchez-vous constamment à faire quelque chose, à vous occuper ou à créer des projets ?	4	3	2	1
9. Êtes-vous plus productif et plus imaginatif quand vous faites les choses à la dernière minute, au moment de l'échéance ?	4	3	2	1
10. Vous ennuyez-vous quand les vacances sont trop calmes et reposantes ?	4	3	2	1
11. Êtes-vous plus à l'aise quand il y a compétition ou difficulté ?	4	3	2	1
12. Préférez-vous les films d'action ou à sensations fortes aux films à « l'eau de rose »?	4	3	2	1
13. Recherchez-vous les choses à la limite du danger et du risque ?	4	3	2	1
14. Baissez-vous vite les bras dès que les chose se compliquent ?	1	2	3	4
15. Avez-vous horreur des week-ends où on ne fait rien ?	4	3	2	1

QUESTIONS	T	S	P	J
16. Avez-vous du mal à faire la grasse matinée et à « traînasser » dans le lit?	4	3	2	1
17. Êtes-vous plus détendu quand vous avez fourni beaucoup d'effort physique?	4	3	2	1
18. Êtes-vous de ceux que « rien n'arrête » ?	4	3	2	1
19. Avez-vous horreur du petit « train-train » ?	4	3	2	1
20. Préférez-vous que « ça bouge et que ça tourne autour de vous » ?	4	3	2	1

INTERPRÉTATION

La dose de stimulation et de stress dont a besoin chaque individu est très variable. Plus votre nombre de points est important, plus votre stress est fréquent et plus important.
Totalisez votre nombre de points.

■ RÉSULTATS

— *De 0 à 20 points :* vous avez besoin de peu de stimulation et de stress pour fonctionner.
— *De 21 à 40 points :* vous avez occasionnellement besoin de stimulation et de stress pour fonctionner.
— *De 41 à 60 points :* vous avez besoin de stimulation et de stress pour fonctionner.
— *De 61 à 80 points :* vous avez besoin d'une dose constante et importante de stimulation et de stress pour fonctionner.

TEST GÉNÉRAL DE STRESS

du docteur Bensabat

Répondez à ce test avant de lire l'interprétation des résultats.

Répondez aux questions par :
- — **T**oujours = **T** ;
- — **S**ouvent = **S** ;
- — **P**arfois = **P** ;
- — **R**arement ou **J**amais = **R J** ;

en mettant votre réponse dans la colonne correspondante à la lettre de la question.

Exemple : pour la question **1.A.** répondez dans la colonne **A**, etc.

QUESTIONS	A	B	C	D	E	F
1.A. Êtes-vous devenu plus irritable ou plus énervé extérieurement ou intérieurement ?						
2.B. Avez-vous tendance à ruminer les problèmes ?						
3.C. Avez-vous du mal à vous défendre sans vous énerver ?						
4.D. Votre avenir professionnel est-il plutôt incertain et cela vous préoccupe-t-il ? *(Si vous ne travaillez pas, répondez par jamais.)*						
5.F. Pensez-vous manquer d'amis ou de personnes à qui vous pourriez vous confier ?						
6.E. Êtes-vous plutôt insatisfait de votre vie conjugale ? *(Si vous êtes célibataire, répondez par jamais.)*						
7.A. Êtes-vous devenu plus fatigué, moins énergique ou moins enthousiaste en dehors de toute maladie?						
8.B. Avez-vous tendance à « couper les cheveux en quatre » et à vous accrocher aux détails ?						
9.C. Avez-vous du mal à dire non quand ça ne vous arrange pas ?						
10.D. Souffrez-vous de conflits relationnels dans votre entreprise ou d'une mauvaise ambiance ? *(Si vous ne travaillez pas, répondez par jamais.)*						
11.E. Votre vie sexuelle est-elle plutôt peu satisfaisante ?						
12.F. Fumez-vous plus de 10 cigarettes par jour ?						
13.A. Êtes-vous devenu plus anxieux ou plus angoissé ?						
14.B. Êtes-vous mauvais perdant ?						

QUESTIONS	A	B	C	D	E	F
15.C. Vous manque-t-il toujours du temps pour finir ce que vous avez à faire?						
16.D. Votre travail est-il pour vous une cause de pression ou d'agression ou de contrariété ou de frustration? *(Si vous ne travaillez pas, répondez par jamais.)*						
17.E. Souffrez-vous d'un manque d'affection dans votre vie conjugale? *(Si vous êtes célibataire, répondez par jamais.)*						
18.F. Avez-vous été affecté ces dernières années par des problèmes survenus dans votre entourage?						
19.A. Supportez-vous de plus en plus mal les difficultés, les contre-temps, et les déceptions?						
20.B. Avez-vous tendance à voir plutôt l'aspect négatif des choses et à toujours douter?						
21.C. Avez-vous des difficultés à vous affirmer et à vous exprimer sur ce qui ne va pas?						
22.D. Souffrez-vous d'un manque de gratification matérielle ou intellectuelle dans votre travail? *(Si vous ne travaillez pas, répondez par jamais.)*						
23.E. Votre vie conjugale est-elle pour vous une cause de contrariété, d'agression ou de frustration? *(Si vous êtes célibataire, répondez par jamais.)*						
24.F. Avez-vous du mal à vous adapter aux changements?						
25.F. Pensez-vous manquer d'affection en général?						
26.D. Souffrez-vous de promiscuité dans votre entreprise? *(Si vous ne travaillez pas, répondez par jamais.)*						
27.A. Perdez-vous plus facilement patience?						
28.B. Avez-vous du mal à pardonner et oublier ce qu'on vous a fait?						
29.D. Avez-vous l'impression que vous ne savez pas ce qu'on attend de vous dans votre travail et cela vous dérange-t-il? *(Si vous ne travaillez pas, répondez par jamais.)*						
30.D. Souffrez-vous d'un manque de stimulation dans votre travail? *(Si vous ne travaillez pas, répondez par jamais.)*						
31.A. Perdez-vous le sommeil au milieu de la nuit ou très tôt le matin?						

QUESTIONS	A	B	C	D	E	F
32.A. Votre appétit sexuel est-il plutôt moins bon et moins performant ?						
33.B. Avez-vous tendance à vous emporter avant même de savoir exactement de quoi il s'agit ?						
34.B. Attachez-vous beaucoup d'importance à l'opinion qu'on a de vous ?						
35.C. Avez-vous tendance à inhiber vos réactions ?						
36.C. Avez-vous tendance à vous faire marcher sur les pieds et à ne pas défendre vos droits et vos intérêts ?						
37.D. Avez-vous le sentiment d'être mal informé de ce qui se passe dans votre entreprise, que la communication est mal faite et cela vous dérange-t-il ? *(Si vous ne travaillez pas, répondez par jamais.)*						
38.C. Cherchez-vous à plaire ou à convaincre tout le monde ?						
39.B. Êtes-vous contrarié ou ennuyé quand les choses vont trop lentement ou trop rapidement pour vous ?						
40.D. Avez-vous tendance à faire dix mille choses à la fois ?						
41.D. Avez-vous tendance à vouloir tout contrôler et à ne pas déléguer vos responsabilités ? *(Si vous ne travaillez pas, répondez par jamais.)*						
42.F. Souffrez-vous d'un environnement bruyant ?						
43.F. Avez-vous l'impression que votre vie manque de sens et cela vous contrarie-t-il ?						
44.D. Avez-vous du mal à négocier en général ou à convaincre ou à faire passer votre message dans votre travail et cela vous contrarie-t-il ? *(Si vous ne travaillez pas, répondez par jamais.)*						
45.B. Avez-vous du mal à supporter que les choses n'aillent pas et ne soient pas comme vous voulez ?						
46.B. Attendez-vous la dernière minute pour faire ce que vous avez à faire ?						
47.C. Avez-vous tendance à compter sur les autres et à attendre trop d'eux ou des situations et des projets en cours ?						

QUESTIONS	A	B	C	D	E	F
48.F. Buvez-vous plus de deux verres d'apéritif ou d'une demi-bouteille de vin par jour?						
49.B. Avez-vous tendance à vous culpabiliser?						
50.D. Si vous êtes responsable ou cadre dans votre entreprise, avez-vous du mal à faire appliquer vos décisions et cela vous dérange-t-il? *(Si vous n'êtes pas responsable ou cadre, répondez par jamais.)*						
51.F. Votre alimentation est-elle plutôt déséquilibrée?						
52.C. Avez-vous tendance à prendre tout à cœur?						
53.B. Avez-vous tendance à vous décourager dès que ça ne va pas?						
54.F. Consacrez-vous, en dehors de votre travail, peu de temps à vous-même ou à autre chose qui vous fait plaisir?						
55.D. Y a-t-il trop de bouleversements et de changements dans votre entreprise et cela vous dérange-t-il? *(Si vous ne travaillez pas, répondez par jamais.)*						
56.B. Avez-vous du mal à relativiser les choses et à prendre du recul par rapport à ce qui vous arrive?						
57.B. Avez-vous du mal à évacuer votre stress et à décharger votre nervosité ou vos émotions?						
58.C. Avez-vous du mal à passer à autre chose quand vous butez ou quand cela ne vaut plus la peine?						
59.D. Avez-vous le sentiment de ne pas être apprécié à votre juste valeur par vos collègues ou votre patron et cela vous contrarie-t-il? *(Si vous ne travaillez pas, répondez par jamais.)*						
60.D. Avez-vous le sentiment «d'être mis sur la touche» et à l'écart de ce qui se passe dans votre entreprise? *(Si vous ne travaillez pas, répondez par jamais.)*						
61.D. Avez-vous l'impression que les objectifs ne sont pas fixés et que les décisions ne sont pas prises dans votre entreprise et cela vous dérange-t-il? *(Si vous ne travaillez pas, répondez par jamais.)*						

QUESTIONS	A	B	C	D	E	F
62.D. Si vous êtes responsable dans votre entreprise, avez-vous du mal à faire des prévisions et cela vous contrarie-t-il ? *(Si vous ne travaillez pas, répondez par jamais.)*						
63.D. Êtes-vous plutôt inadapté à votre travail ? *(Si vous ne travaillez pas, répondez par jamais.)*						
64.B. Supportez-vous mal les critiques et les contrariétés ?						
65.F. Faites-vous moins de trois heures de sport par semaine ?						

INTERPRÉTATION

Notez pour chaque réponse (T ou S ou P ou RJ) sa valeur en nombre de points et additionnez séparément le total des points des questions A, B, C, D, E et F en vous aidant du tableau ci-dessous.

	Quest. A	Quest. B	Quest. C	Quest. D	Quest. E	Quest. F
Rarement ou Jamais	1	1	1	1	1	1
Parfois	2	2	2	2	2	2
Souvent	9	17	12	20	6	14
Toujours	58	121	56	154	12	73

■ RÉSULTATS

Êtes-vous stressé ?

— **Non** si votre total de points A est inférieur ou égal à 7.
— **Occasionnellement** si votre total de points A est de 8 à 14.
— **Plutôt** si votre total de points A est de 15 à 63.
— **Très** si votre total de points A est de 64 à 406.

INTERPRÉTATION

Quelle est la cause de votre stress ?

• *Votre tempérament et votre personnalité vous prédisposent-ils au stress ?*

— ***Non*** *si votre total de points B est inférieur à 15.*
— ***Occasionnellement*** *si votre total de points B est de 16 à 30.*
— ***Souvent*** *si votre total de points B est de 31 à 255.*
— ***En permanence*** *si votre total de points B est de 256 à 1815.*

Votre comportement vous prédispose-t-il au stress ?

— **Non** si votre total de points C est inférieur à 10.
— **Occasionnellement** si votre total de points C est de 11 à 20.
— **Souvent** si votre total de points C est de 21 à 120.
— **En permanence** si votre total de points C est de 121 à 560.

Votre travail vous prédispose-t-il au stress ?

— **Non** si votre total de points D est inférieur à 18.
— **Occasionnellement** si votre total de points D est de 19 à 36.
— **Souvent** si votre total de points D est de 37 à 323.
— **En permanence** si votre total de points D est de 324 à 2 772.

Votre vie conjugale vous prédispose-t-elle au stress ?

— **Non** si votre total de points E est inférieur à 4.
— **Occasionnellement** si votre total de points E est de 5 à 8.
— **Souvent** si votre total de points E est de 9 à 24.
— **En permanence** si votre total de points E est de 25 à 48.

Votre mode de vie vous prédispose-t-il au stress ?

— **Non** si votre total de points F est inférieur à 11.
— **Occasionnellement** si votre total de points F est de 12 à 22.
— **Souvent** si votre total de points F est de 23 à 154.
— **En permanence** si votre total de points F est de 155 à 803.

Chapitre 5

LES TRAITEMENTS DU STRESS

Existe-t-il une pilule antistress ?

Gloire et misère de la médecine, on pense aujourd'hui qu'il y a — il doit y avoir — un traitement à tout, un remède à nos maux les plus divers, une solution médicale adaptée à chacun de nos malaises grands ou petits, de nos souffrances, physiques ou psychologiques, et même de nos désirs : pilules pour dormir, être en forme, décontracté, heureux... Et pourquoi pas contre le stress ? Le mauvais stress, bien sûr, car l'autre, le bon, celui qui stimule, éveille, ravive nos idées et notre métabolisme, il nous suffit d'en profiter au mieux.

Il y a sans doute de l'utopie à vouloir à tout prix trouver dans la chimie un remède aux inadaptations, et à la question : « Existe-t-il une pilule antistress ? » Bien évidemment la réponse est non.

Toute situation stressante est transmise au cerveau et interprétée par l'hypothalamus qui immédiatement dicte l'ensemble des réponses comportementales et physiologiques. Pour être efficace, une pilule antistress devrait agir sur le centre d'interprétation des messages, et en changer le sens pour nous protéger contre l'agression, qu'elle soit physique, psychologique ou émotionnelle. On n'en est pas encore là.

La pilule magique qui nous permettrait en toute circonstance de voir le noir en rose, ou de maîtriser la situation, de l'analyser positivement et de réagir avec calme, n'est pas encore inventée. Aucun comprimé ne peut modifier dans notre cerveau un message de déception, de contrainte ou de contrariété, et encore moins le remplacer par un autre message, neutre, qui empêcherait la cascade de réactions hormonales induite par le stress.

Tranquillisants et traitement du stress

Les tranquillisants, préconisés par certains, agissent sur l'anxiété et l'angoisse produites par le stress et les troubles psychosomatiques qui en résultent. Mais ils n'ont aucune action sur le processus intime du stress, ni sur les sécrétions hormonales et les désordres qu'il déclenche. **Et s'ils peuvent être un palliatif dans les situations pénibles (séparation, deuil, échec...), ils n'ont d'autre rôle que d'aider à passer un cap difficile.**

Message non reçu dans la pratique : les Français consomment chaque année des tonnes de tranquillisants, anxiolytiques et autres antidépresseurs, calmant ainsi peut-être certains effets de stress mais non ses causes. Peu à peu ils deviennent dépendants de la gélule qu'on avale chaque fois qu'on est inquiet, angoissé et même parfois préventivement, au cas où. Victimes de l'inévitable, phénomène d'accoutumance, ils entrent dans le cycle infernal de l'escalade thérapeutique. Sans autre résultat qu'un autre stress, moins visible, mais autrement plus lourd de conséquences.

Bêtabloquants et traitement du stress

Cherchant comment réduire certains symptômes dus au stress, des auteurs anglo-saxons ont expérimenté des substances appelées bêtabloquants, qui inhibent l'action des catécholamines (adrénaline) libérées par le stress.

On sait que la sécrétion des catécholamines (adrénaline) accompagne la plupart des situations de stress psycho-émotionnel, et que ce sont elles qui préparent l'organisme à la réponse défensive, au combat.

Malheureusement, si leur action est utile et même nécessaire, leur sécrétion excessive s'accompagne souvent de symptômes désagréables : accélération du rythme cardiaque et respiratoire, oppression thoracique, transpiration, pâleur cutanée, sécheresse de la bouche, angoisse, trac, etc. qui peuvent devenir gênants et entraver l'efficacité même de la réaction de défense.

Les bêtabloquants expérimentés inhibent l'action des catécholamines au niveau des organes sur lesquels elles agissent (cœur, artères, bronches, peau, tube digestif, etc.) en intervenant sur les récepteurs dits bêta-adrénergiques des organes correspondant aux sites où les catécholamines sont produites. Il s'agit donc d'une action spécifique d'inhibition.

Les bêtabloquants sont habituellement utilisés dans le traitement des affections cardio-vasculaires, de l'hypertension artérielle, des troubles du rythme cardiaque et des affections coronariennes. C'est leur indication majeure. Ils réduisent la fréquence et le débit cardiaques et permettent ainsi au myocarde (muscle du cœur) de travailler avec moins d'oxygène.

L'indication des bêtabloquants s'est ensuite étendue à d'autres troubles, dont ceux provoqués par le stress.

Le Dr Jan James, du Royal Free Hospital de Londres, a expérimenté un type de bêtabloquant appelé oxprenolol sur 24 violonistes du Royal College of Music particulièrement sujets au trac. Pendant deux jours, chacun d'eux a dû donner un récital en solo dans une ambiance particulièrement stressante : public nombreux, projecteurs et caméras, journalistes... Le premier jour on leur a donné juste avant le concert un placebo, et le lendemain un comprimé d'oxprenolol. Alors qu'ils refusaient généralement de jouer dans des conditions pareilles et qu'ils étaient morts de peur même avant un concert collectif, on constata que le jour où ils avaient pris le bêtabloquant ils avaient pratiquement vaincu leur trac. Une autre expérience avec un autre bêtabloquant : le propranolol, a été faite avec des pianistes à l'université du Nebraska. Là encore, les résultats furent positifs et il semble que sous bêtabloquant les pianistes contrôlaient mieux leur art. En Suède, où des expériences furent menées avec des étudiants de l'université d'Uppsala, les effets des bêtabloquants furents confirmés : les jeunes gens qui en prirent en période d'examens montrèrent moins de signes d'anxiété, insomnie, maux de tête et palpitations. Et le Dr James cite le cas d'une jeune femme qui ne put se débarrasser de la douloureuse contracture aux mains qui la prenait avant chaque examen de sténo que grâce aux bêtabloquants. On cite d'autres succès de ces substances dans le traitement du bégaiement ou la préparation des hommes politiques dont le rythme cardiaque, avant de prononcer un discours en public, était parfois de 200 pulsations par minute, et l'utilisation d'aténolol a permis d'améliorer, dans plus de 50 % des cas, des sujets atteints d'hypertension artérielle. Preuve par l'absurde : une autre étude faite sur des sujets présentant des crises importantes d'anxiété a montré qu'une injection de bêtastimulant (dont l'action est opposée à celle d'un bêtabloquant et provoque donc une sécrétion des catécholamines) pouvait déclencher chez eux une crise, qu'une injection de bêtabloquant — en l'occurrence de propranolol — inhibait immédiatement.

Les études du Dr Betts, du département psychiatrique de l'université de Birmingham (Queen Elizabeth Hospital), ont montré que l'aténolol a sur l'anxiété une action particulière, supérieure à celle des autres bêtabloquants ou anxiolytiques sans en présenter les inconvénients, notamment les effets de somnolence.

Les sujets traités se sentent moins agressifs, plus sociables, moins tendus, et leur attention lors des épreuves de calcul mental ou de conduite automobile s'est révélée avoir plus d'acuité.

D'autres expériences faites sur des singes et des rats montrent que certains bêtabloquants pourraient avoir un effet sur le comportement et la timidité. Administrés à des rats enfermés dans la même cage et appartenant à trois types psychologiques différents — dominateur, dominé et intermédiaire — ces produits ont permis aux rats de type dominé et intermédiaire de mieux se défendre vis-à-vis des rats dominateurs et de consommer une ration alimentaire habituellement accaparée par les sujets dominateurs.

L'analyse comparative des résultats obtenus avec le propranolol (qui est liposoluble et passe la barrière méningée, c'est-à-dire qu'il peut arriver au cerveau après son absorption) et avec l'aténolol (qui ne passe pas la barrière méningée) montre que contrairement au propranolol, qui possède probablement une action calmante centrale au niveau du cerveau, l'aténolol a une action anxiolytique par un mécanisme différent, peut-être extérieur, c'est-à-dire périphérique. Cette constatation, intéressante, demeure néanmoins sans explication.

La nouvelle arme thérapeutique que constituent les bêtabloquants mérite certainement d'être davantage expérimentée, même si son emploi dans le traitement du stress, du trac et de l'anxiété est contesté par certains. Reste à savoir comment et pourquoi.

Le Dr Stephen Scheidt, chef de service de cardiologie à New York, estime que faire appel à un bêtabloquant parce qu'on veut être calme pour prononcer un discours, c'est « utiliser une bombe atomique pour écraser une mouche ». Et, hors de leur usage habituel dans les affections cardio-vasculaires, les bêtabloquants ne sont pas autorisés. Pas question donc, en tout cas aujourd'hui, de les utiliser comme médicaments antitrac. Les Américains sont du même avis : le Dr Robert Temple, directeur du département cœur-rein de la Food and Drugs Administration, qui contrôle sévèrement l'utilisation de tous les médicaments aux États-Unis, estime que les bêtabloquants ne sont pas inoffensifs et ne doivent pas être en vente libre. Leur emploi présente en effet des contre-indications, notamment chez les asthmatiques, les insuffisants cardiaques, les femmes enceintes, etc. On peut surtout craindre que le public n'en fasse une consommation abusive et oubliant que les bêtabloquants peuvent entraîner des complications sérieuses.

Même s'ils ont un effet certain sur certaines manifestations désagréables du stress, les bêtabloquants ne doivent être utilisés dans ce cas.

Une nouvelle approche : le traitement anticortisol

Un nouveau traitement est proposé par l'Américain Alfred Sapse, qui dirige une unité de recherche sur le cortisol. Il s'appuie sur plusieurs constatations :

— **Le cortisol est une des principales hormones produites pendant le stress,** qui sont indispensables à la réaction biologique d'adaptation. Sécrétée à dose importante lors d'un stress aigu, et surtout à dose légère mais permanente dans le stress chronique, le cortisol entraîne de nombreux inconvénients dont une baisse dangereuse des défenses immunitaires, et une plus grande sensibilité à certaines pathologies : dépression nerveuse, ulcère à l'estomac, obésité ;

— **Le taux de cortisol est élevé dans de nombreuses maladies qui ont un rapport avec le stress ;**

— **Il existe, d'après les travaux de l'Américain Sapolsky, dans une région du cerveau appelée hippocampe, des centres régulateurs du taux de cortisol sanguin.**

Ces centres, appelés récepteurs de cortisol, sont de deux types : 1 et 2.

Les récepteurs de type 1 interviendraient lors du stress aigu, les récepteurs de type 2 lors du stress chronique. Ces récepteurs commanderaient le phénomène de *feed--back*, en provoquant une production plus ou moins importante de cortisol en fonction du taux circulant dans le sang, et agiraient sur l'axe hypothalamo-hypophysaire qui commande à son tour la sécrétion du cortisol par les glandes surrénales qui les fabriquent.

Dans le stress chronique, le phénomène de *feed-back* assuré par les récepteurs de type 2 (et dont le but est de réduire l'hypersécrétion de cortisol produite par le stress) serait moins efficace, ce qui expliquerait peut-être l'excès de cortisol.

Chez les animaux, et même les hommes, qui meurent de vieillissement pathologique ou de maladie d'Alzheimer, Sapolsky a remarqué après autopsie des lésions au niveau de l'hippocampe et une destruction des récepteurs de cortisol de type 2.

Partant de ces données et de l'existence d'un excès de cortisol dans les états de stress chronique (dû à la défaillance du mécanisme de rétroaction négative), le Dr Sapse a établi un traitement anticortisol dont les résultats sur les troubles provoqués par le stress sont intéressants.

Dans la plupart des cas, les patients se sentent mieux, en meilleure forme, plus détendus, et contrôlent mieux les situations agressives. Ceux qui présentaient des infections bactériennes ou virales à répétition comme l'herpès récidivant ont vu leurs infections s'espacer. Des cas d'anorexie mentale et de boulimie ont été réduits avec succès, et il en a été de même de quelques cas de vieillissement cérébral pathologique.

Cette nouvelle conception thérapeutique du stress, ou plutôt des effets du stress, peut ouvrir des voies de traitement intéressantes qui méritent d'être exploitées.

Chapitre 6

STRATÉGIE ANTISTRESS

Le stress ne s'efface pas, ne se gomme pas, ne se nie pas purement et simplement : **la politique de l'autruche n'a jamais été une bonne stratégie**. C'est pourtant une attitude assez répandue. Je ne pense pas, donc je vis. Sans jamais me demander comment, ni pourquoi. Sans chercher à comprendre. Cette façon défaitiste ou suicidaire de réagir au stress expose une bonne partie de nos contemporains aux mille et un maux dont ils se plaignent en permanence. Car, de faux prétextes en vraies maladies soignées pour ce qu'elles ne sont pas, on crée ces pathologies endémiques qui remplissent les cabinets médicaux. Certes, il est plus facile de dire « j'ai mal à l'estomac » que « au bureau, tout le monde me déteste ». Et il est dur de s'avouer que l'on n'a peut-être pas réussi aussi bien qu'on le voulait ou que l'on aurait pu. **Il est pourtant indispensable de s'exercer à la lucidité pour lutter contre le stress, l'éviter chaque fois que c'est possible, adopter l'attitude la moins autodestructice et préserver son équilibre.** Ce n'est pas si difficile qu'il y paraît : la bonne stratégie antistress repose sur quelques principes simples qui sont autant de règles pour mieux vivre.

Identifier le stress

Pour se battre, encore faut-il connaître son ennemi. C'est parfois simple : je t'aime, tu me quittes, je souffre, c'est ta faute. **Mais les stress sont souvent insignifiants en apparence, ou si habituels que l'on n'y fait même plus attention :** ce bruit dans la rue le matin, ce prêt qu'on a du mal à rembourser et qui oblige à faire attention, à rogner sur tout, cette habitude, dont on ne parvient pas à se défaire, de quitter le bureau toujours trop tard... Il faut pourtant les identifier, car c'est seulement alors que l'on pourra agir pour éviter ou neutraliser l'agression. **Il faut parfois une auto-analyse sans concession** de son comportement et de ses réactions, une véritable enquête pour détecter les ennuis, les contrariétés, les tracas, les frustrations, déceptions, humiliations qui pourrissent insensiblement la vie quotidienne, professionnelle, familiale. La démarche n'est pas simple, car **le stress vient aussi, et souvent, de nous : de notre manière de faire, d'agir et même de penser**. Il n'est pas toujours facile d'identifier une agression extérieure. Il faut souvent bien du courage pour prendre conscience du fait que son propre comportement est lui-même générateur de stress, et une grande honnêteté intellectuelle pour mettre « cartes sur table », reconnaître ses excès, ses défauts, ses faiblesses. Pourtant, la victoire est à ce prix. Faire soi-même le constat, trouver seul la relation de cause à effet entre un trouble psychosomatique et la situation stressante qui en est la véritable raison, permet presque à coup sûr d'aller mieux, parfois de trouver la solution. Car comprendre permet d'agir soit pour éliminer ou changer ce qui dépend de soi, soit pour trouver un compromis et neutraliser le stress dont on n'est pas responsable.

Encore faut-il le vouloir. Beaucoup n'acceptent pas de renoncer. Les grands fumeurs refusent de tenir compte des risques qu'ils courent, pour ne pas se priver de leur plaisir. Le cadre, le P.D.G. sacrifient leur santé à leur réussite, d'autres n'ont tout simplement pas le courage de modifier leurs habitudes.

Car le stress aussi peut être une drogue. Il a ses accrocs, ses toxicos, ses pervers, ses indécrottables, faibles ou masochistes, qui trichent avec eux-mêmes et avec les autres et attendent, avec inconscience et fatalisme, de payer une facture que la vie ne manquera pas de leur présenter.

Éliminer les stress inutiles

Lorsqu'on a identifié les causes des stress qui rongent notre vie, l'idéal serait évidemment de les éliminer. Plus facile à dire qu'à faire. Comment dire à son patron qu'il est insupportable, renoncer à ses objectifs, quitter un foyer sans le détruire, changer de vie pour avoir moins d'ennuis d'argent, obliger ses enfants à réussir ? Les solutions radicales ne sont pas simples. **Mais on peut au moins agir sur ce qui dépend de soi, se débarrasser de certains stress inutiles** qui s'ajoutent aux autres et rognent notre capital d'énergie. On peut éviter les obligations inutiles ou futiles, refuser d'écouter les lamentations de tout un chacun, écourter une réunion qui tourne en rond, une discussion qui tourne mal, ne pas répondre au téléphone à un moment inopportun, ne pas attendre la dernière minute pour faire ce que l'on a à faire, ne pas s'entêter bêtement à poursuivre un but irréalisable, à obtenir ce qui est inaccessible, à changer ce qui est immuable. On peut s'épargner de subir plus qu'il n'est indispensable, on peut choisir de tirer de chaque situation le meilleur profit, de donner le meilleur de soi et recevoir le meilleur de l'autre, de moins mentir et se mentir, d'être soi-même.

CHOISIR ENTRE LA FUITE ET LE COMBAT

Faut-il fuir le stress ou le combattre ? C'est la question qui se pose et, en réalité, il n'existe pas une seule mais plusieurs réponses.

Pourtant, la décision n'est pas anodine : de notre attitude face à un stress dépend que ses effets biologiques soient en partie gommés ou, au contraire, démultipliés. Or le comportement est volontaire. Il procède d'un choix comme, lorsqu'on est pris à partie, on décide de passer son chemin ou de faire le coup de poing. Certes, le tempérament de chacun entre en jeu. Le violent fait face et se bat, le mou change de trottoir et s'en va. Nous verrons d'ailleurs que, comme notre attitude, nos réactions au stress sont fonction des multiples facteurs entremêlés qui fondent notre personnalité. Mais au départ l'homme a un choix, à la fois raisonné et irrationnel, que l'on espère réfléchi mais qui dépend aussi en partie de ses expériences antérieures.

■ Fuir quand le combat est inutile

Lorsqu'il est agressé par plus fort que lui, l'animal s'enfuit. Réaction instinctive, réflexe... et salutaire. Lorsque c'est pour lui une question de vie ou de mort, l'instinct de survie l'emporte, automatiquement. L'homme, confronté au même choix, affronte pourtant souvent un combat inutile, ou sans objet, ou perdu d'avance. Bêtise, orgueil, défaut d'analyse, mauvaise appréciation de soi-même ou de la situation ? Mesrine ne pouvait pas gagner contre toutes les polices de France, ni Scarlett contre Rhett Butler, et non plus l'héroïne de *Back Street* contre les conventions. Et on éviterait bien des stress et des drames si l'on savait se voir comme on est, ni plus fort, ni plus intelligent, ni plus subtil.

Il faut fuir quand le combat est perdu d'avance, truqué, ou manifestement inégal.

Quand une situation devient pesante, insupportable, quand vous avez l'impression de perdre votre temps, ou votre crédit, et que vous aliénez votre indépendance.

Quand un dialogue « tourne en rond », vous contrarie inutilement et commence à vous faire mal pour rien.

Quand il n'y a plus rien à obtenir malgré tous vos efforts et que cela ne vaut pas la peine. Inutile de vouloir faire changer d'avis une contractuelle, convaincre un fonctionnaire, amadouer une femme jalouse et qui a raison de l'être. Inutile, en un mot, de vouloir changer le monde, le cours immuable des choses, les habitudes, les mentalités. Vous y perdriez votre énergie en vain.

Fuite ne veut pas dire lâcheté, irresponsabilité, trahison, égoïsme forcené, indifférence délibérée et systématique à tout ce qui ne va pas, à la souffrance, à la misère, aux problèmes d'autrui. Fuite ne veut pas dire isolement, ni solitude. Mais savoir, au bon moment, éviter une bataille sans objet ne signifie pas non plus qu'il faille se soustraire automatiquement à tout ce qui ne plaît pas sans avoir essayé de comprendre et de vous faire comprendre, de dialoguer, de faire un effort mesuré pour maintenir l'unité et la cohésion du groupe.

La fuite est un choix de sauvegarde de dernière intention, quand il n'est pas possible de faire autrement pour mettre un terme

à une agression, ou un choix d'emblée, de première intention, quand on sait que l'on va s'exposer à une agression, qu'elle soit professionnelle, familiale ou amicale. Si votre belle-mère vous hait, laissez votre femme déjeuner seule chez elle plutôt que de supporter ses reproches un dimanche entier ; si un groupe vous ennuie ou vous est hostile, restez à l'écart, et, si un déjeuner d'affaires ne peut à l'évidence vous rapporter que quelques lourdeurs d'estomac, refusez-le. Il est des endroits où l'on regrette d'être allé, des situations où l'on aimerait ne s'être pas trouvé, des pensums et des contraintes que l'on s'en veut d'avoir acceptés. S'ajoutent à la difficulté et au stress la fureur qu'on éprouve contre soi-même, qui est un autre stress, et un processus nocif de rumination aux conséquences psychosomatiques diverses.

Mais il est des situations stressantes insupportables où la fuite, même si elle est la seule solution salutaire, est impossible. On ne peut pas claquer la porte du bureau quand le patron est de mauvaise foi, ni celle de la maison parce que le petit dernier pousse des hurlements de Sioux et vient de faire déborder le lavabo. Le sens du devoir, les obligations professionnelles, la bienséance ou la peur du chômage nous obligent à affronter la situation et à nous adapter. Ou à combattre.

■ Combattre l'inacceptable

Quand il est en position de force, quand le faible c'est l'autre, l'animal accepte et provoque le combat.

Dans les rapports humains, **le combat est parfois indispensable pour neutraliser les stress, quels que soient le prix à payer et les conséquences,** on doit se battre :
— quand on est dans son bon droit ;
— quand on touche à votre territoire ;

— quand on remet en cause ce qui vous appartient ou ce qui vous a été accordé ;

— quand on porte atteinte à vos idéaux, à votre honneur, à votre dignité, à votre système de valeurs, à ce qui vous est le plus cher, qu'il s'agisse d'une personne, d'une idée ou de toute autre chose. Chaque fois qu'est en jeu l'idée qu'on se fait de soi-même, on doit combattre pour défendre son intégrité et préserver son équilibre biologique et psychologique. Même si le tribut est lourd à payer. Il est des tortures et des emprisonnements moins durs à supporter que le dégoût de soi, les résistants ont plus souffert mais furent moins détruits à long terme que certains collabos et, à vrai dire, certains divorces sont moins destructeurs qu'une vie de colère et de frustrations. Il ne faut cependant décider de combattre que dans les situations majeures, lorsque le risque de souffrance est grave, quand le stress devient insupportable et qu'on ne peut ni céder ni se taire. **Lorsqu'on se sent humilié ou trahi, le combat devient indispensable, même au prix de la rupture ou de la remise en cause de ses rapports avec l'autre.**

Le combat ou la fuite sont des choix décisifs et extrêmes. Il en est d'autres. Mais, lorsque le stress est violent, la remise en question profonde, la situation éprouvante, il nous faut décider pour préserver notre équilibre d'exercer, ce qui est le propre de la nature humaine, notre libre arbitre et notre volonté.

INTERPRÉTER SES STRESS POUR LES POSITIVER

On peut y ajouter la lucidité. **Le stress étant moins important que le sens qu'on lui donne**

il faut, à défaut de l'éviter, tenter de l'interpréter le plus positivement possible.

Quand la nouvelle équipe de France de football, formée à grand renfort de médias, perd contre la Yougoslavie, son chef Platini dit qu'il est « content à 90 % » et parle de la combativité et de l'enthousiasme de ses hommes. Certains le trouvent trop optimiste. Il a pourtant pris le parti d'éviter à son équipe la rumination de la défaite et préparé l'avenir. Ne pas s'attarder sur l'aspect négatif, tourner la page, éviter les regrets inutiles est le meilleur moyen de diminuer le stress, parfois même de transformer un mauvais stress en bon stress.

Que de fois on se rend malade parce qu'on n'a pas su :

— adopter la bonne attitude, qu'on a été trop agressif, ou trop gentil, ou mesquin, ou brutal, ou pas assez ferme ;

— partir quand il le fallait, s'affirmer, prendre la bonne décision ;

— se faire respecter, défendre ses idées ou ses droits ;

— dire clairement qu'on n'était pas d'accord.

■ **Analyser et neutraliser immédiatement l'agression.**

Chaque fois que l'on s'en veut, qu'on a le sentiment d'avoir eu un comportement inadapté, on a du remords et on souffre, et ce mécontentement de soi non seulement est un stress, mais peut, dans certains cas, conduire à des gestes de désespoir. Un adolescent vole un disque dans une grande surface. On le surprend, on le tance, un peu durement. Il rentre chez lui et le lendemain se suicide. L'humiliation et le remords ont suscité chez lui une réaction immédiate et violente de désarroi à laquelle il n'a pas résisté. Sans doute était-il psychologiquement fragile. Mais d'autres sont vulnérables sans le savoir. Et n'importe qui peut avoir une réaction imprévisible et désastreuse après un stress violent, être désarçonné et basculer dans un comportement excessif et rédhibitoire. C'est pourquoi il faut réagir avant que la crise n'ait atteint son paroxysme, intervenir au début de l'agression, et surtout détecter et résoudre tous les petits stress qui nous usent et nous empêchent de bien réagir aux plus grands.

Il faut apprendre à réagir à l'instant même où l'on est agressé, analyser l'agression pour la neutraliser et filtrer les messages qui arrivent au cerveau. Cela suppose évidemment que chacun sache identifier ce qui, pour lui, est agressif et ne l'est pas.

Il existe pour cela une bonne méthode, qui consiste à détecter son propre « état normal », et donc à savoir quand :

— on est bien ou pas bien dans sa peau, à l'aise ou mal à l'aise ;

— on devient agressif ou tendu, contrarié, inquiet ou brusquement abattu, pris de panique ou nerveux ;

— on est pris de fatigue, de lassitude, ou au contraire d'excitation et plus généralement à quel moment se produit un changement dans notre état physique ou psychologique et notre manière d'être.

À ce moment précis, on peut savoir que l'événement qui vient de se produire, la situation dans laquelle on est, ce qu'on vient d'entendre ou de dire, sont perçus par notre cerveau émotionnel comme facteur d'agression.

Il suffit simplement d'être à l'écoute de soi pour identifier ce qui est stressant et ce qui ne l'est pas, réagir dès que ce qui se passe est

perçu comme tel, et éviter ainsi que l'agression ne se prolonge.

Neutraliser l'agression, c'est lui faire un barrage volontaire, se « blinder » contre elle, même au prix d'un stratagème psychologique, c'est ruser pour se sortir indemne d'une situation angoissante ou difficile.

Combien de fois ne se dit-on pas : « Mais qu'est-ce qui m'a mis dans cet état ? » « Cela en valait-il la peine ? » pour se répondre « non ». Il aurait juste fallu réfléchir un peu plus et un peu plus tôt. **Se rappeler que notre cerveau conscient et intelligent peut prendre le pas sur notre cerveau émotionnel et instinctif.**

ADAPTER SES COMPORTEMENTS

Le stress provient souvent d'une inadaptation du comportement à l'environnement, à la relation humaine, aux changements continuels et inévitables. Le monde bouge, la société évolue, les mentalités et les mœurs changent, et pour bien s'intégrer, pour réussir, il faut s'adapter. Toute la problématique du stress dépend de l'ajustement du comportement aux agressions en particulier et aux stimulations quelles qu'elles soient en général, c'est-à-dire de la réussite de l'adaptation.

L'inadaptation entraîne une détresse et s'accompagne souvent d'une sécrétion de cortisol, parfois de prolactine qui entraîne chez la femme des troubles des règles et de la fécondité. Les mauvais comportements favorisent surtout l'anxiété et l'angoisse responsables de toutes les pathologies mentales. Au contraire un comportement bien adapté, une réussite, provoquent un bien-être accompagné d'une sécrétion d'adrénaline et une mémorisation cérébrale positive.

Là encore, psychologie et biologie sont intimement liées. Nos comportements sont les reflets de notre compréhension de la situation et de notre état d'esprit, les conséquences de notre adaptation ou de notre inadaptation à une situation. Mais ils déterminent à leur tour, s'ils sont mal ajustés, un état de stress générateur d'anxiété et de troubles psychosomatiques. Si bien que, tout comme il faut savoir analyser ses stress, **il faut savoir éviter certains comportements générateurs de stress** :

— l'agressivité excessive et gratuite qui ne correspond pas à un besoin nécessaire de défense ;

— l'inhibition totale de son agressivité, ses émotions, ses réactions en général, sauf lorsque l'inhibition est un mode salutaire de défense et qu'il vaut mieux se taire ;

— la passivité qui nous fait subir sans nous défendre la domination et l'agressivité de l'autre ;

— le remords et la rumination ;

— l'absence d'affirmation de soi et de son identité ;

— la soumission et la dépendance ;

— la réaction spontanée et irréfléchie ;

— les attitudes obsessionnelles ;

— le perfectionnisme, l'exigence, qui engendrent souvent l'irritabilité et l'insatisfaction.

À se précipiter, réagir trop vite, on se trompe souvent. La solution, qui est souvent dans le juste milieu, passe par la réflexion, l'analyse, la patience. La voie de la sagesse est souvent la troisième voie, celle qui n'est ni en deçà ni au-delà, qui tient compte des autres et de soi et pèse, à leur aune, le pour et le contre, les avantages et les inconvénients.

DÉCHARGER SES ÉMOTIONS ET SON AGRESSIVITÉ

À chaque stress, l'organisme se charge en émotion et en tension nerveuse qui s'additionnent et s'accumulent si le stress n'est pas évacué.

Mais comment laisser libre cours à ses émotions, ses réactions, ses pulsions, ses critères, en un mot comment se défouler quand on vit en société sous le regard et la férule des autres. Pas question d'exploser, crier, hurler, tempêter ni même gémir ou pleurer chaque fois qu'on est à bout ou qu'on n'en peut plus. Pour être dans la norme, ou pour se faire bien voir, on se contrôle, on se brime, on s'inhibe, et on entretient une tension nerveuse et une anxiété latentes qui aggravent notre anxiété et notre irritabilité. L'équation semble pourtant simple :

> Stress = charge émotionnelle = tension et nervosité latentes.
> Décharge émotionnelle = détente = anti-stress.

Quand on encaisse on ressemble, toutes proportions gardées, à une cocotte minute sous pression. Reste à trouver la soupape qui permettra de faire baisser la pression.

Dans la vie quotidienne on trouve souvent des palliatifs sous forme de boucs émissaires : le mari bafoué sera odieux au bureau, celui qui se sent mal au bureau se venge sur sa famille, le maltraité par son patron terrorise ses propres subalternes, c'est le syndrome du petit chef, faux-fuyant, faux-semblant et fausse solution.

Décharger son émotion ne soulage totalement que si la réaction s'applique à la personne responsable de son état de tension et si

l'on peut vider totalement ce qu'on a sur le cœur. Il est triste — et malsain pour le corps et l'esprit — de ne pouvoir montrer ce que l'on est et ce que l'on ressent, de devoir cacher ses joies, ses peurs, ses angoisses à l'inverse des enfants qui le font sans retenue, et qui, du coup, oublient d'un instant à l'autre leurs émotions les plus violentes. Les Méditerranéens, prompts à s'emporter, à rire ou à pleurer, expansifs, excessifs, sont plus enclins à ces réactions naturelles que les Anglo-Saxons plus pudiques, plus discrets... et plus touchés par les dépressions, les névroses et l'alcoolisme.

On me dira, à juste titre, qu'il est aisé de conseiller, et carrément malvenu de prôner des conduites que personne ne peut réellement appliquer. Je sais que vivre en harmonie avec son entourage exige de se conformer à des règles, donc des contraintes, et loin de moi l'idée de prêcher le terrorisme social, fût-il verbal. Il faut forcément connaître les mécanismes pour en éviter les effets pervers et, lorsqu'on ne peut décharger son agressivité au bon moment, de la bonne façon et sur la bonne personne, trouver un exutoire pour décompresser, libérer l'énergie et la tension nerveuse stockées en surplus.

DÉCOMPRESSER GRÂCE AU SPORT

Le meilleur exutoire lorsque la tension est trop forte est la pratique d'une activité sportive. Que la vie actuelle soit trop sédentaire n'est un secret pour personne. Mais ce n'est pas seulement pour faire bouger ses muscles qu'il est sain de faire du sport. C'est aussi parce qu'il existe des interactions importantes dans le cerveau entre les centres de commande musculaire et les autres centres de la vigilance, de l'éveil, de l'émotion, de la douleur... L'activité physique musculaire provoque une diversion au niveau du cortex et « court-circuite » la stimulation psycho-émotionnelle par une stimulation différente qui « détourne l'attention » du cortex. Il se produit alors une sorte d'inhibition salutaire, une déviation du stress psychologique qui contribue à diminuer la tension nerveuse et psychologique.

Chacun sait qu'on peut dévier un stress. Quand on est malade, on oublie ses soucis d'argent. Quand on est amoureux, on trouve sans importance ses ennuis professionnels. **La meilleure façon de soulager une anxiété chronique est de lui substituer quelque chose d'intense et de totalement différent.** Et l'activité sportive est une bonne forme de substitution, un parfait antidote du stress psychologique. De nombreuses études médicales sont là pour le corroborer : le sport apporte une sensation de bien-être et une impression gratifiante, il soulage les dépressifs, améliore globalement la condition physique et particulièrement l'état cardio-vasculaire et la circulation sanguine, abaisse la tension artérielle et la consommation en oxygène du muscle cardiaque. De surcroît, il augmente le taux de cholestérol et la production par le cerveau des endorphines, hormones calmantes et euphorisantes.

Toutes les activités sportives sont ainsi bénéfiques, à condition de choisir un sport qui vous convienne, vous plaise, et de le pratiquer à votre rythme. Nous ne parlons ici ni de compétition ni de challenge, et il n'est pas question de livrer, au prix de mille souffrances, un dur combat contre soi-même. On peut d'ailleurs, si l'on n'est pas doué ou pas attiré par un sport, pratiquer d'autres activités physiques : la danse, la gymnastique, le jardinage ou même le chant, et décompresser tout aussi bien.

À défaut de décharger physiquement leur émotion, certains trouveront une compensation dans une passion, la lecture, le bridge, la peinture, le bricolage... L'important est de trouver plus important que le stress et d'appliquer sa passion et son intelligence à « autre chose », qu'on aime et qui nous fait du bien.

SE FAIRE PLAISIR POUR COMPENSER SES STRESS

Quand on regarde à la loupe une journée banale, normale, on a bien souvent un coup de déprime. Plus de soucis, de petits ennuis, que de grandes joies. De petit stress en petit stress, on risque de se retrouver angoissé. À défaut de supprimer un à un ces points noirs qui défigurent nos jours, on peut au moins tenter de les parsemer de quelques moments roses. Autrement dit, **on peut compenser les mauvais stress par de bons stress.**

Pour cela, il faut agir. L'inaction, l'immobilisme, la passivité, l'attente entretiennent le stress. L'action, surtout si elle est positive et gratifiante, est le meilleur antidote du stress. Inutile de chercher l'action grandiose, l'acte d'éclat qui transformerait en carrosse votre vie citrouille. Toute petite action positive qui donne le sentiment d'avoir progressé, ou qui fait tout simplement plaisir, remonte le moral et donne de l'énergie. Chacun sait bien quoi faire pour être content de soi : régler un problème en suspens, se débarrasser d'une obligation, décider — et s'y tenir — de faire du sport ou de la gymnastique, se lever plus tôt pour commencer la journée du bon pied, lire dans le train au lieu de regarder les têtes mal réveillées des autres... **chaque initiative positive apporte une dose de bon stress compensateur.**

On peut aussi trouver une compensation dans la motivation ou la finalité de ses actions : une victoire contre un incendie compense la peur des pompiers, comme le succès d'une opération la fatigue des chirurgiens, l'épanouissement et la réussite de leurs enfants le sacrifice des parents.

Chaque fois qu'on se sent stressé, déprimé, fatigué, qu'on a le moral à zéro, la meilleure façon de réagir est de faire quelque chose d'utile, d'agréable, de positif, de faire plaisir ou de se faire plaisir. Les femmes, plus instinctives, savent mieux se faire plaisir que les hommes. Elles savent s'acheter une robe, craquer pour un moment volé ou dévorer une boîte de chocolats. Ce qui est d'ailleurs une excellente thérapeutique : le chocolat contient du tryptophane, précurseur de la sérotonine, qui est lui-même un antidépresseur.

Le plaisir en général est d'ailleurs toujours générateur d'endorphines. Et les petits plaisirs de la vie compensent les petits stress de l'existence, affaire d'équilibre une fois de plus.

Si les stress sont multiples, les plaisirs que l'on peut se faire sont innombrables : lire, aller au cinéma, écouter de la musique, se promener, jouer avec ses enfants, bricoler, flâner au soleil, rencontrer ses amis, faire du sport, peu importe. Notre époque pèche étrangement par manque d'égoïsme. Pour être heureux, il faut pourtant s'aimer un peu.

SAVOIR S'ÉCONOMISER

À défaut de se faire du bien, on peut au moins essayer de se faire moins de mal et, si on ne se fait pas toujours plaisir, on peut s'économiser.

Confronté aux changements, aux agressions, aux surprises, l'homme est obligé de constamment s'adapter, et pour cela de dépenser de l'énergie.

Pour échapper à la saturation, au surmenage, au risque de mettre « son compte en banque » à découvert, il doit introduire dans son emploi du temps et dans ses activités quotidiennes des « zones de stabilité », des temps de désaturation, des faits et gestes habituels qui ne lui demandent aucun effort d'adaptation et lui permettent d'éviter le trop-plein et de faire des économies d'adaptation.

Il doit prendre le temps de souffler. La routine a du bon, et en tout cas a le mérite de nous reposer le corps et l'esprit. Comme le pilotage automatique détend sur les long-courriers les commandants de bord, quelques habitudes casanières, repas à heure fixe, bistrot toujours le même, chemin toujours pareil, amis intimes qui nous connaissent par cœur, nous font des petites récréations entre deux stress.

SE CRÉER UN RÉSEAU DE SOUTIEN

La solitude est le malheur de l'homme. Les princes d'autrefois avaient un cercle de confidents, les pays où les structures familiales sont restées fortes sont moins touchés par les névroses et les dépressions, les prisonniers que l'on visite régulièrement vont mieux que ceux qu'on abandonne, dans les petites villes et les villages où tout le monde se connaît, la difficulté à vivre est moins grande que dans les villes où l'on ignore même le nom de son voisin de palier.

L'homme a besoin de parler, de se confier, d'être aidé, soutenu, compris, aimé. Il lui faut un réseau de soutien moral et affectif pour résister au stress. Ceux qui ont peu d'amis et peu de famille sont plus vulnérables.

Les obèses, les alcooliques, les drogués, les

malades du sida supportent mieux leur maladie lorsqu'ils appartiennent à une association où à un groupe qui les écoute et les épaule. Les prisonniers du Viêt-nam ou les otages de Téhéran qui ont pu communiquer entre eux ont présenté moins de séquelles.

Parfois, on laisse la vie défaire les liens qui nous unissent aux autres. Le repli sur soi, l'isolement aussi sont des tentations contre lesquelles il faut lutter. Sans les autres, on est nu. Et on a froid. Il faut avoir quelqu'un, parent ou ami, à qui l'on peut tout raconter, à tout moment, pour décharger ses angoisses et ses émotions. Les souris solitaires à qui on injecte des cellules cancéreuses meurent plus rapidement que celles soumises au même traitement mais vivant en groupe.

Des indifférents aux relations, des relations aux amis et aux familiers indispensables, le cercle qui nous entoure est notre protection.

Quel est le vôtre ?

LE CERCLE DE VOS RELATIONS

I — Dans le cercle intérieur ou n° 1, noter les personnes qui vous sont familières, vivant sous le même toit. On peut y inclure les animaux de compagnie.

II — Dans le second cercle, inscrire les parents et les amis intimes que l'on fréquente régulièrement, d'une fois par jour, à une ou deux fois l'an.

III — Dans le troisième cercle, inscrire vos relations parentales et amicales, moins intimes, plus superficielles.

IV — Dans le quatrième cercle, les relations, que l'on voit de temps en temps, à certaines occasions.

- Dans l'hémisphère gauche, notez ceux qui font partie de votre famille, parents...
- Dans l'hémisphère droit, notez ceux qui ne font pas partie de votre famille.
- Les personnes à la fréquentation desquelles vous éprouvez un malaise (qui ont une influence négative sur vous) peuvent être inscrites dans le triangle en bas du cercle.

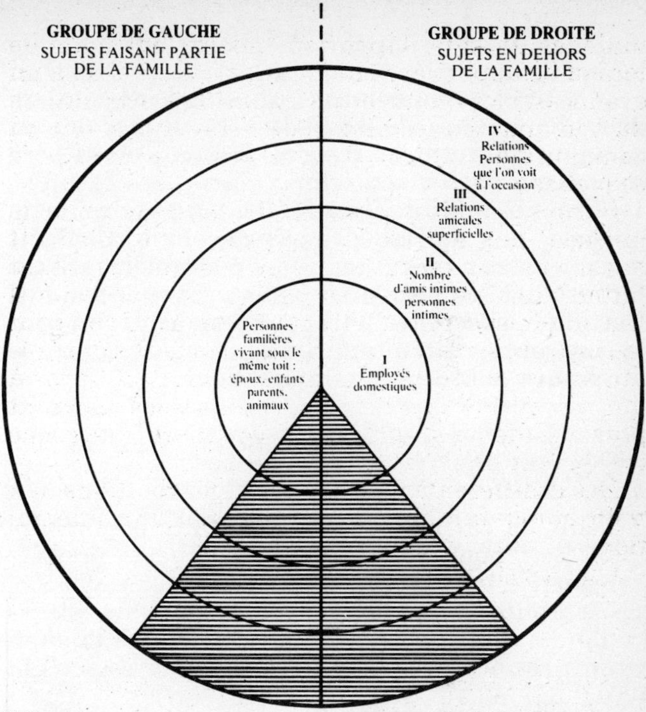

Si I — II
(les 2 groupes additionnés)
= 12 à 25 : bon réseau de soutien.
Protection contre le stress.

Personnes à influence négative, néfaste, stressante.
Ex. : belle-mère, collègue...

< 12 : Essayer de ramener les personnes des groupes III et IV aux groupes I et II.

INTERPRÉTATION

Faites le compte des personnes figurant sur les deux cercles intérieurs I et II. Si, tout en incluant les animaux familiers, vous arrivez à totaliser de 12 à 25 personnes, vous pouvez considérer que vous avez un bon réseau de relations sociales. Ce qui constitue un bon réseau de soutien, et est considéré comme une protection contre le stress de la solitude et la dépression. Si, en faisant le compte, vous ne totalisez pas le nombre suffisant de personnes constituant un bon réseau social, il est recommandé d'augmenter le nombre de personnes qui vous sont proches, en fréquentant plus souvent ceux inscrits dans les cercles extérieurs. De façon à les rendre aptes à figurer parmi vos amis plus intimes des cercles intérieurs.

Techniques antistress

Le stress, on l'a compris, est affaire d'état d'esprit, de volonté de se battre et de faculté de survivre. On lutte, on résiste, on gagne ou on perd avec ses moyens, son tempérament, ses facultés, son cœur et son intelligence. Il n'y a pas de recette miracle, pas de remède, pas de pilule. Il existe pourtant des moyens pratiques pour mieux affronter le stress, moins souffrir, mieux vivre en somme. Certains penseront qu'ils sont banals, ils ont tort. Le bon sens et la simplicité font mieux contre le stress que subtilité et complications.

TENEZ LE CARNET DE BORD DE VOS STRESS

Tenir un carnet de bord, c'est faire le point au quotidien pour savoir où l'on en est, prendre conscience de ce qui va, et de ce qui ne va pas, comptabiliser les bons et les mauvais stress comme autant de recettes et de dépenses et chercher à retrouver cet équilibre entre agressions et satisfactions.

Le carnet de bord de vos stress est aussi simple que le carnet de comptes d'une ménagère, il ne comporte que deux colonnes. D'un côté les recettes, c'est-à-dire les plaisirs, les choses positives et gratifiantes ; de l'autre les dépenses, les insatisfactions, les déplaisirs, les contraintes, les déceptions.

Carnet de bord

Recettes *Bon stress*	*Dépenses* *Mauvais stress*
—	—
—	—
—	—
—	—

Il faut juste s'astreindre à écrire chaque jour pour s'apercevoir que le solde est souvent déficitaire, se mettre à réfléchir, puis à agir.

RELAXEZ-VOUS

Dans le langage adolescent, on est « speedé » ou on est « cool ». Dur de passer de l'un à l'autre, sans coup férir et sans préparation. Essayez pourtant, une fois par jour, de faire une pause de dix minutes.

Isolé dans votre bureau ou dans un endroit calme, asseyez-vous confortablement en laissant tomber vos bras, vos mains et vos jambes, ou, mieux, allongez-vous par terre. Enlevez votre veste, desserrez vos vêtements, fermez les yeux et laissez-vous aller complètement en relâchant tous les muscles, en desserrant les dents, puis faites le vide dans votre esprit, ne pensez plus à rien.

Au bout de quelques minutes, vous vous sentirez mieux. Vous pouvez en profiter pour sommeiller quelques instants, l'exercice n'en sera que plus réparateur.

Si vous ajoutez quelques profondes respirations, quelques autosuggestions imagées agréables, le résultat sera encore meilleur.

Certaines méthodes, plus sophistiquées, de relaxation sont utilisées dans le traitement du stress.

En dehors du *biofeedback* qui permet de réaliser une relaxation mesurable, chiffrée et visualisée, d'autres méthodes, souvent combinées à celui-ci, ont le même objectif : contrôler volontairement et diminuer l'état de tension musculaire pour parvenir à une relaxation mentale indispensable à la maîtrise du stress et de ses symptômes. Les principales : la relaxation progressive de Jacobson, le training autogène de Schultz, la méditation transcendantale, mais aussi la gymnastique relaxante, la sophrologie, le yoga, le conditionnement opérant, le zen, la discipline personnelle, etc. Chacune de ces méthodes a ses adeptes, ses vertus, ses avantages, parfois ses inconvénients. Dans les cas de stress important, lorsqu'un patient est en détresse, lorsqu'il n'a plus le courage de se prendre en charge, une méthode bien codifiée, des exercices clairement définis et l'aide d'un thérapeute lui seront un secours utile, voire indispensable.

Dans la moyenne des stress pour la moyenne des gens, un peu de volonté de s'abstraire suffit. Et ces moments de détente, de calme qu'on s'impose à soi-même peuvent, aussi courts soient-ils, changer bien des choses.

ADOPTEZ LA DIÉTÉTIQUE ANTISTRESS

Notre état nutritionnel est un des facteurs importants de la qualité de notre réponse au stress. Une bonne nutrition renforce nos défenses. Une mauvaise nutrition non seulement nous rend plus vulnérables, mais constitue en elle-même un stress. C'est pourtant un des éléments de notre mode de vie sur lequel nous pouvons facilement agir.

La diététique antistress est une alimentation qui élimine les facteurs alimentaires de stress, assure un bon état nutritionnel et augmente la résistance aux agressions. Pas question de régime : un régime est toujours une frustration et la frustration toujours un stress, mais seulement de respecter quelques principes simples, et d'introduire dans notre ration quotidienne des aliments naturels pauvres en composés chimiques et en nutriments stresseurs, riches en vitamines, en minéraux et en éléments essentiels. D'avoir en somme une alimentation mieux équilibrée et plus énergétique.

En règle générale, notre alimentation est trop riche en graisses et en sucres raffinés, trop pauvre en aliments nutritifs. Nous devons revenir à une alimentation composée essentiellement de sucres complexes bruts, de graisses non saturées d'origine végétale et de protides. Notre ration quotidienne totale devrait s'équilibrer ainsi :

— *hydrates de carbone, essentiellement non raffinés :* de 55 à 60 p. 100 ;

— *protides :* de 20 à 25 p. 100 :

— *graisses, surtout végétales :* de 15 à 20 p. 100.

1. Mangez plus de sucres non raffinés ; ils doivent constituer la base de votre alimentation car, aliments énergétiques, ils sont indispensables à la résistance au stress.

Principaux aliments contenant des hydrates de carbone non raffinés :

— Les céréales (blé, orge, avoine, seigle, maïs, riz noir...) complètes.

Le pain et les farines doivent contenir leur propre son et non être additionnés de son. Les céréales complètes (entières ou sous forme de farines) sont, en plus de leur rôle indéniable dans la résistance au stress, indispensables au transit intestinal et à la prévention du cancer de l'intestin.

— La pomme de terre est un excellent aliment qu'on peut consommer chaque jour sans inconvénient, cuite de préférence avec la peau (après lavage et brossage soigneux), au four ou à la vapeur.

— Les légumes secs (haricots blancs, lentilles, petits pois, fèves sèches, pois chiches...) constituent avec les céréales complètes la principale source d'hydrates de carbone non raffinés. Il faudrait en consommer au moins deux fois par semaine.

— Les fruits et les légumes frais contiennent aussi une quantité non négligeable de sucres non raffinés et sont en outre riches en vitamines et en minéraux. Chaque fois que cela sera possible, on consommera les fruits crus avec la peau bien lavée. Les légumes seront servis pas trop cuits (la cuisson prolongée détruit les vitamines) et de préférence à la vapeur.

— Les fruits secs sont très riches en hydrates de carbone.

— Le lait en contient assez peu.

Teneur en hydrates de carbone des principaux aliments :

— Céréales : de 50 à 80 p. 100.

— Pomme de terre : 20 p. 100.

— Légumes secs et farines : de 60 à 80 p. 100.

— Fruits secs : 60 p. 100 ; dattes : 75 p. 100.

— Fruits et légumes frais : de 1 à 25 p. 100 (voir ci-dessous quels sont les légumes les plus pauvres en hydrates de carbone).

— Lait : 5 p. 100 ; lait condensé sucré : 50 p. 100.

— Viandes, poissons, fromages : 0 p. 100.

Légumes les plus pauvres en hydrates de carbone :

Aubergine, céleri, asperge, courgette, champignon, chou, chou-fleur, concombre, endive, épinard, fenouil, poireau, radis, tomate, salades (laitues, scarole, romaine, batavia...).

Fruits les plus pauvres en hydrates de carbones :

Citron, fraise, framboise, groseille, pamplemousse, pastèque, melon (de 5 à 10 p. 100) ; abricot, cerise, mûre, myrtille, poire, pomme, orange, pêche, prune (de 10 à 15 p. 100) ; raisin, banane, amande, noix et noisette fraîche (de 15 à 25 p. 100).

CONSEILS

■ *Évitez le pain blanc, le riz blanc et toutes les préparations à base de farine blanche (gâteaux, pâtisseries, pâtes...).*

■ *Supprimez le sucre blanc, et le sucre brun car il est raffiné en partie. Évitez le miel s'il ne provient pas directement de la ruche (pas de miel industriel et pasteurisé).*

■ *Mangez surtout du pain et du riz complets, des pommes de terre, des légumes et des fruits secs, des fruits et des légumes frais.*

---

2. **Mangez moins de graisses :** le régime habituel des Français, et des Européens en général, est beaucoup trop riche en graisses. Celles-ci couvrent 45 p 100 de la ration quotidienne alors qu'elles ne devraient en représenter que 25 p. 100, l'idéal étant 20 p. 100, ce qui correspond à 60 grammes de graisses pour une ration quotidienne de 2 500 calories.

Il faut particulièrement se méfier des graisses cachées contenues dans certains aliments ou ajoutées à leur préparation ; elles représentent la moitié des graisses que nous absorbons. C'est ainsi qu'une ration de pommes de terre frites contient près de 20 p. 100 de son poids de graisses, et 100 grammes de chips contiennent 50 p. 100 de graisses. Il ne faut pas non plus perdre de vue que les charcuteries sont constituées de 45 p. 100 de graisses, parfois même 80 p. 100, et les fromages, jusqu'à 35 p. 100.

Les graisses que nous consommons doivent être d'origine végétale et non saturées. Sur les 60 grammes nécessaires quotidiennement à notre organisme, 40 grammes au moins doivent être représentés par des acides gras poly-insaturés et des acides gras essentiels dont l'acide linoléïque.

Les acides gras poly-insaturés et les acides gras essentiels s'opposent à l'agrégation plaquettaire* alors que les acides gras saturés la favorisent. L'organisme n'étant pas capable de les synthétiser, ils doivent être fournis par l'alimentation.

L'acide linoléique se trouve surtout dans les graisses végétales.

— L'huile de tournesol en contient 60 p100.
— L'huile d'olive de 3,5 à 20 p. 100.
— Le beurre de 1,3 à 2,9 p. 100.

Teneur en graisse des principaux aliments :

— Les huiles : 100 p. 100 ; le beurre : 80 p. 100.
— Les charcuteries : de 40 à 50 p. 100 ; le lard : jusqu'à 80 p. 100.
— Les fromages :
— gruyère, comté, roquefort, brie, camembert : de 30 à 50 p. 100
— La crème fraîche : 35 p. 100.
— Le chocolat : 32 p. 100.
— Le jaune d'œuf : 33 p. 100.
— Les viandes :
— agneau, porc : de 25 à 35 p. 100 ;
— bœuf, mouton : de 20 à 25 p. 100 ;
— veau, cheval : de 2 à 10 p. 100.
— Les abats : de 10 à 20 p. 100.
— Les poissons : de 3 à 20 p. 100 ;
— merlan, cabillaud : de 3 à 5 p. 100 ;
— thon, saumon : 20 p. 100.
— Les fruits de mer (coquillages et crustacés) : moins de 3 p. 100.

* *L'agrégation plaquettaire favorise les thromboses artérielles et la formation de thrombus (embol).*

— Les volailles : de 2 à 10 p. 100 (le poulet sans la peau et le lapin étant les moins gras).

— Les fruits et les légumes : moins de 1 p. 100 sauf pour l'avocat qui contient 16 p. 100 de graisses et l'olive de 10 à 15 p. 100.

CONSEILS

■ *Évitez le beurre cru ; n'en consommez pas plus d'une noisette par jour. Proscrivez totalement le beurre cuit (pas de cuisine au beurre).*

■ *Consommez de préférence des huiles végétales crues ou très peu cuites. Supprimez les fritures.*

■ *Remplacez la viande rouge par de la viande blanche, essentiellement du veau ou de la volaille, le mieux étant le blanc du poulet sans la peau.*

■ *Mangez plus souvent du poisson, de préférence grillé ou poché, et toujours sans la peau.*

■ *Remplacez les laitages gras par des laitages contenant 0 p. 100 de matières grasses, le lait entier par du lait écrémé.*

■ *Ne consommez pas plus de deux œufs par semaine.*

---

3. **Mangez de bonnes protéines :** elles doivent constituer de 20 à 25 p. 100 de la ration alimentaire qui, idéalement, est de 1 gramme de protéines par kilo de poids.

On trouve des protéines dans la viande, le poisson, mais aussi dans les céréales, les légumes secs, les noix, les noisettes, les amandes, les cacahuètes.

Teneur en protéines des principaux aliments :

— Céréales : de 15 à 30 p. 100.

— Légumes secs : 30 p. 100.

— Viandes : de 15 à 30 p. 100.

— Poissons : de 15 à 30 p. 100.

— Noix, noisettes, amandes, cacahuètes : de 15 à 30 p. 100.

— Fromages : de 15 à 30 p. 100.

— Coquillages et crustacés : de 10 à 15 p. 100.

— Lait et produits du lait : 4 p. 100.

CONSEILS

■ *Mangez des légumes secs et des céréales, ils sont à la fois riches en protéines et en hydrates de carbone non raffinés. Ils doivent faire partie de la ration alimentaire habituelle.*

■ *Mangez des fruits de mer : à la quantité non négligeable de protéines s'ajoute une bonne teneur en sels minéraux.*

■ *Consommez des viandes blanches.*

■ *Consommez plus souvent du poisson.*

---

4. Les minéraux et les vitamines alimentaires sont naturellement apportés par les fruits et les légumes frais bien que, aujourd'hui, ils soient de plus en plus pauvres en sels minéraux en raison de l'épuisement des terres de culture par l'exploitation intensive à rotation rapide, les traitements chimiques et la conservation industrielle. Le temps écoulé entre la récolte et la consommation est aussi un facteur d'appauvrissement des minéraux et des vitamines.

Les conserves sont à éviter, on leur préférera les surgelés.

CONSEILS

■ *Consommez moins de sel.*

■ *Supprimez le tabac ; c'est un poison, il consomme toutes vos vitamines.*

■ *Ne buvez de l'alcool qu'en quantité modérée : lui aussi consomme des vitamines.*

■ *Modérez votre ration de café; une tasse par jour suffit.*
■ *Buvez de l'eau et des tisanes.*

Ces conseils diététiques sont valables pour toute personne qui veut rester en forme et nourrir intelligemment son corps.

Car nous pensons avec nos cellules, c'est-à-dire, en fin de compte, avec ce que nous mangeons.

Les aliments proscrits, les sucres raffinés, les graisses saturées sont toxiques, ils dérèglent le fonctionnement harmonieux de notre organisme et favorisent les maladies métaboliques dont l'obésité, le diabète et l'athérosclérose.

Les aliments conseillés sont des nutriments essentiels riches en acides aminés, en acides gras polysaturés, en vitamines et en minéraux tous indispensables à un bon état nutritionnel.

Beaucoup d'auteurs insistent sur le rôle de la malnutrition dans la genèse des maladies mentales. La Fondation canadienne de schizophrénie a obtenu une amélioration de l'état de santé de ses patients dans 85 p. 100 des cas grâce à une alimentation équilibrée et à l'apport de mégavitamines.

RÉGIME TYPE ANTISTRESS

Chaque repas (déjeuner et dîner) doit comprendre :

Des sucres non raffinés

— Pain complet ;

— 1 bol de légumes verts crus assaisonnés au citron ou au yaourt maigre, ou cuits à la vapeur, et 1 pomme de terre *ou* du riz complet, *ou* des pâtes complètes *ou* un féculent (2 fois par semaine pour chacun) ;

— 1 fruit frais ou des fruits secs.

Des protides

— Viandes, de préférence grillées (150 g), *ou* volailles cuites au four (150 g) *ou*, mieux encore, poissons cuits au four (150 g) *ou* 2 œufs (1 fois par semaine).

Des graisses

— Tenir compte des graisses déjà contenues dans les aliments. Il faut apporter en supplément 15 g en moyenne par jour sous forme d'huile et de beurre cru.

Le repas du matin doit être riche et complet, comprenant des céréales complètes, du lait écrémé ou du yaourt maigre, du pain complet avec une noisette de beurre, et un fruit frais ou des fruits secs.

Le thé et le café sont à éviter (maximum 1 café par jour). Les tisanes sont conseillées.

L'apport de fruits doit tenir compte de la consommation de jus de fruits. On peut consommer 3 fruits par jour (en évitant l'excès de raisins et de cerises) ou 3 fruits pressés par jour. Le jus de pomme fait chez soi est fortement conseillé.

Pour les personnes qui présentent un excès de poids, il faudrait réduire les quantités de pain complet, de riz, de pâtes, de féculents, de fruits secs, d'oléagineux et de matières grasses. Le beurre peut également être supprimé. Les autres aliments sont à conserver.

DIÉTÉTIQUE ANTISTRESS Hydrates de carbone non raffinés : 60 % ; protéines : 20 % ; graisses : 20 %			
Aliments	**Aliments permis**	**Quantités**	**Aliments interdits ou déconseillés**
Sucres	Miel non raffiné	En petite quantité	Tous les sucres raffinés : sucre blanc, confitures, compotes, sirop, etc. Tout ce qui contient du sucre blanc : gâteaux, confiseries, etc.
Corps gras, huiles	Huiles végétales riches en acide linoléique (tournesol, etc.) et de préférence crues ou peu cuites Margarines Beurre frais cru	Modérées (10 à 15 g par jour) Modérées (10 à 15 g par jour) 1 noisette par jour au maximum	Graisses animales Laitages gras Lard Charcuteries Beurre cuit
Viandes	Viandes maigres (blanches), veau, etc. Poulet (surtout le blanc), dindon, gibier maigre, etc. (les consommer sans peau)	150 g par jour 150 g par jour	Viande rouge ou volaille grasse Porc, jambon, bacon Abats (foie, cœur, etc.)
Poissons	Poissons maigres et sans peau, grillés ou bouillis Poissons gras des mers froides Coquillages, crustacés	150 g par jour en moyenne	Poissons gras (sardine, maquereau, etc.) Poissons frits

DIÉTÉTIQUE ANTISTRESS Hydrates de carbone non raffinés : 60 %; protéines : 20 %; graisses : 20 %			
Aliments	**Aliments permis**	**Quantités**	**Aliment interdits ou déconseillés**
Œufs		2 œufs par semaine maximum	Œufs de poissons
Laitages	Lait écrémé Lait en poudre écrémé Yaourts maigres Fromages blancs maigres	240 g par jour au maximum 240 g par jour au maximum 240 g par jour au maximum 60 g par jour au maximum	Crème, fromages gras, laitages gras, lait entier Fromages blancs à base de crème ou de lait entier
Lég. secs, graines, oléagineux	Haricots blancs, pois, fèves, etc. Noisettes, noix, amandes, etc.	1 assiette, 2 fois par semaine 10 g par jour ou 9 graines par jour	Aucun
Fruits	Tous les fruits frais Fruits cuits, en boîte ou surgelés non sucrés Fruits secs (dattes, raisins, figues, etc.) Jus de fruits naturels	3 par jour Quantité limitée 60 g par jour au maximum 3 fruits pressés par jour au maximum	Cuits, en sirop Surgelés sucrés Confitures Gelées et marmelades sucrées Jus de fruits additionnés de sucre
Céréales, pains	Céréales complètes (blé, orge, avoine, seigle, etc.) Pain complet Riz complet Pâtes faites avec de la farine complète, ou légumes	Tous les jours 1 par jour de 350 g 2 à 3 fois par semaine, 100 à 150 g 2 fois par semaine	Céréales raffinées blanches Pain blanc et dérivés (pâtisseries, biscottes, biscuits, etc.) Riz blanc Pâtes blanches

DIÉTÉTIQUE ANTISTRESS Hydrates de carbone non raffinés : 60 %; protéines : 20 %; graisses : 20 %			
Aliments	**Aliments permis**	**Quantités**	**Aliment interdits ou déconseillés**
Desserts épices apéritifs, entremets sauces	Desserts sucrés, fruits, sorbets, etc. Tous les épices Apéritifs Entremets Sauces, sans matières grasses, ni excès de sel, ni colorants	En quantité modérée	Glaces, crèmes, pâtisseries, desserts sucrés, bonbons, chocolats Sauces grasses Moins de 5 g de sel par jour Ketchup, mayonnaise Préparation du commerce, produits chimiques, colorants
Boissons	Eaux minérales Lait écrémé Jus de fruits sans sucre Jus de légumes Infusions, surtout tilleul Café, thé Alcool	1 litres au minimum par jour 240 g par jour 120 g par jour Jus de carotte, 2 verres par semaine au maximum 2 à 3 tasses par jour 1 tasse par jour au maximum 1/2 bouteille de vin par jour ou 1 à 2 bières ou 1 petit verre de scotch par jour	Alcools forts Boissons sucrées Coca-cola Boissons chocolatées

Chapitre 7

GUIDE DE VIE ET DE COMPORTEMENT ANTISTRESS

La Bible nous met judicieusement en garde contre les peccadilles : elles nous conduisent à commettre le pire.

Dans la vie quotidienne aussi, les détails, les riens font souvent la couleur du temps. Les attitudes, les gestes, les pensées sans importance induisent, sans en avoir l'air, nos comportements. Pour se prémunir contre le stress, il faut revenir à des règles élémentaires de bon sens et de sagesse qui nous servent à la fois de frontières et de boucliers.

Sans stress il n'y a pas de vie. Mais avec trop de mauvais stress, la vie n'est pas ce qu'elle pourrait être. Les petits stress mille fois répétés usent notre capital d'énergie et abusent de notre résistance. Nous laissons trop souvent passer sans les voir les bons stress stimulants et reconstituants, et, surtout, nous négligeons de les provoquer, de nous créer des moments de plaisir, de vraie détente, de satisfaction, sans arrière-pensée.

Le meilleur allié du stress est l'incapacité de l'homme à se préserver, son incroyable faculté à se conduire comme s'il était son pire ennemi. Devenez votre meilleur ami. C'est le sens du guide de vie antistress qui s'exprime en vingt comportements, conseils plus que commandements.

Ayez un but à vos mesures

L'homme a besoin de savoir où il va, pourquoi il vit et pourquoi il se bat. Une vie qui n'a pas de sens va à la dérive, comme un bateau sans gouvernail. Ceux qui sont le moins stressés, et qui réussissent le mieux dans la vie, sont ceux qui se sont fixé un but.

Mais il n'a pas de projet, prédestiné, comme un phare sur une côte, pas de guide. **Chacun doit se fixer ses propres objectifs, le but qu'il veut atteindre pour donner un sens à sa vie et à ses actions.**

Nous le savons bien. Ce que l'on fait dans un dessein précis est plus facile à faire pour la simple raison qu'on sait pourquoi on le fait. C'est la motivation qui aplanit les difficultés et les rend acceptables. « Quand on veut, on peut », dit le proverbe. Et, quand on sait ce qu'on fait, quand on en a envie, on trouve toujours la force et l'énergie nécessaires, on oublie le trac, la fatigue et les hésitations. On supporte les contretemps, les déceptions, les contrariétés et les aléas, on passe les obstacles.

Quand on a un objectif, il faut tout faire pour le réaliser, et même « se battre jusqu'à la mort », disait Hans Selye. Image, bien sûr, mais significative : ne plus savoir où on va, c'est aussi ne plus savoir qui on est. Et perdre son identité est une sorte de mort. La satisfaction d'atteindre les objectifs fixés procure toujours un bon stress qui annule et compense toutes les misères.

Ce qui est valable dans la vie l'est aussi sur le plan professionnel : on ne peut se réaliser dans le travail sans avoir un objectif, sans s'être au moins fixé une orientation. Une entreprise sans stratégie est un brouillon d'entreprise souffrant de maux structurels : perte de temps, confusion, inefficacité. Un chef d'entreprise doit fixer des buts clairs pour tous, modifiables en fonction d'une situation ou de l'évolution d'un marché, mais réalistes et cohérents. Car chacun doit, à tout moment, savoir où il va.

Les objectifs personnels doivent être conduits de la même façon, selon les mêmes règles, avec réalisme et cohérence.

La manière de conduire sa vie personnelle et familiale ne doit pas être abandonnée aux lois du hasard et fixée au jour le jour.

On la réussira mieux si on détermine au départ quelques choix et des orientations générales en fonction de son identité, de son échelle de valeurs, de son ambition, de ce qu'on attend de la vie et du but qu'on veut atteindre.

Le choix du métier qu'on veut faire fait partie de ces objectifs. Ce qui n'est pas toujours le cas aujourd'hui, où le métier est plus choisi en fonction de ses futurs débouchés que d'une vraie motivation et d'une vocation. Et c'est pour cela aussi que la satisfaction personnelle est moins fréquente.

Le choix de son conjoint, de ses amis, de ses relations, doit aussi s'intégrer dans des desseins compatibles et harmonieux par rapport à ce que l'on est et à ce que l'on a choisi d'être.

Le divorce, l'incompatibilité entre ces choix et ce que nous sommes réellement, est une cause fréquente de stress.

Il faut un minimum de cohérence et d'harmonie dans le choix de ses objectifs et ne pas se fixer des objectifs fous, irréalistes, contradictoires, qui deviendraient une cause de stress.

On ne peut, par exemple, choisir un conjoint uniquement pour sa beauté ou sa richesse, en faisant abstraction du reste qui peut être totalement incompatible avec ses propres valeurs et devenir une cause de déception et de souffrance.

Encore faut-il, bien évidemment, avoir la sagesse de se fixer des buts accessibles, des objectifs réalisables. À vouloir aller trop loin, on court après son ombre, on se met en situation d'échec, donc de stress. Et quand on ne réalise pas un de ses objectifs, ce qui arrive inévitablement, il faut savoir changer, bifurquer, s'adapter, ne pas s'entêter inutilement. Les hommes politiques, sans cesse obligés de composer avec les données mouvantes du contexte national et international, sont une belle illustration d'adaptabilité. À sa mesure, chacun peut y voir un exemple de l'art de se conduire, au mieux de ses intérêts — ou des intérêts généraux — du moment.

Le plus intelligent sera celui qui arrivera à équilibrer ses objectifs, à les partager harmonieusement entre sa vie professionnelle et familiale, sans rien sacrifier. Malheureusement, l'ambition pousse parfois l'homme à l'excès et au déséquilibre ; les objectifs professionnels prennent le dessus sur les objectifs personnels et familiaux, et se font à leur détriment, parce que l'homme est toujours à la recherche de motivations et de challenges qui sont souvent sa seule raison de vivre, mais aussi les plus grands facteurs de bon et mauvais stress.

Se fixer un but ne signifie pas forcément choisir un grand dessein auquel on est prêt à tout sacrifier. L'idéal est de se construire des buts à sa mesure, de petits objectifs quotidiens pour pouvoir se dire, le soir : « Je l'ai fait : j'ai fini ce travail, rangé ce dossier, réglé ce problème, pris telle décision. » Ces petites réussites sont autant de bons stress qui nous feront une vie meilleure, ce qui est, au bout du compte, le meilleur des objectifs.

Ayez des motivations

On a besoin de se motiver, de se passionner pour compenser et combattre la morosité et l'ennui du quotidien.

La motivation c'est le grain de sel qui donne envie d'agir et d'entreprendre. Sans elle il n'y a pas d'action.

C'est aussi le meilleur antidote du mauvais stress, et le plus grand générateur de bon stress.

Quelle que soit la motivation, **le plus importnt est de se motiver chaque jour pour avoir sa dose de bon stress.** Il n'est rien de mieux pour commencer la journée que de choisir un objectif et de s'y consacrer, fût-il tout à fait modeste et banal. On ne se motive pas que pour les grandes choses.

On peut vibrer pour son métier en y introduisant de nouveaux objectifs, une autre manière de faire pour rompre avec la monotonie, mais on peut aussi se passionner pour quelque chose de tout à fait différent. Cela permet d'ouvrir d'autres horizons, d'autres relations, un autre environnement, plus enrichissants, plus souriants, plus excitants, qui peuvent compenser l'ennui professionnel et le « train-train, boulot-dodo ».

Chacun a ses motivations secrètes qui le stimulent. L'essentiel est d'en avoir et de ne pas les mettre aux oubliettes.

Soyez vous-même

Soyez vous-même, dites qui vous êtes et ce que vous êtes. Soyez vous-même, au risque de surprendre. Soyez vrai, l'authenticité force le respect. Ne vous faites pas passer pour qui vous n'êtes pas, vous y perdriez votre santé morale et physique. Des stars sont mortes pour avoir vécu au paroxysme la difficulté de paraître, indéfiniment, un ou une autre.

Les courants de mode ou de pensée qui veulent uniformiser, modéliser, créer des prototypes sont lourds à supporter si on les suit sans discernement et surtout sans préserver une part de son identité. Chaque être est différent. Chacun a ses atouts, ses forces et ses défauts, ses faiblesses. Dans le puzzle social, chacun doit aussi trouver sa place tel qu'il est, sans gêne ni forfanterie. Sans mentir.

Se montrer tel qu'on est, s'assumer, c'est être en accord avec soi-même, ne pas accumuler les hontes, les frustrations qui sont autant de stress majeurs. Cela ne signifie pas pour autant donner libre cours, selon la conception freudienne, à ses pulsions sexuelles, son agressivité, ni se laisser aller à tous les plaisirs, toxicomanie comprise. Se contrôler est aussi une façon de correspondre à sa propre image, celle au moins que l'on s'est imposée à soi-même. L'équilibre est de ne se tromper ni sur ce qu'on est, ni sur l'image que l'on donne aux autres, ni sur son moi profond, ni sur son moi construit qui doivent se ressembler.

■ **Être soi-même veut dire :**

• **Ne pas paraître,** mais être, avec ses manies, ses défauts, ses habitudes, ses faiblesses. On aime les gens pour leur authenticité, pour leurs qualités, mais aussi pour tout ce qui les caractérise, leurs particularités, leur manière d'être, de penser, d'agir, de se comporter et même de s'habiller.

Il faut se faire accepter comme on est... non comme les autres voudraient qu'on soit.

L'humanité n'est pas une, les hommes ne sont pas faits sur le même moule, et il ne faut pas essayer de ressembler à M. Tout-le-Monde au détriment de son individualité. C'est ce qu'on peut reprocher à certains courants de mode ou de pensée, qui essaient de reproduire le même prototype humain : même coiffure, même façon de s'habiller, même façon de se comporter ou de penser, au mépris du ridicule. Il faut savoir aussi assumer ses disgrâces physiques. Certains ironisent avec beaucoup d'humour sur leur petite taille, leur excès de poids ou leur gros nez... pour prévenir le stress de la critique et de la moquerie.

• **Être à sa place et assumer sa condition,** quelles que soient cette condition et la situation. Il n'y a pas de honte à être de condition et d'origine modestes, à avoir peu de moyens matériels, peu de culture ou de diplômes, et à ne pas avoir la manière de...

Certains passent leur temps à mentir, à dissimuler leurs insuffisances et ce qu'ils sont, pour être, finalement, toujours malheureux et n'être jamais eux-mêmes. Ce n'est peut-être qu'après, quand ils ont réussi, qu'ils sont fiers de dire d'où ils viennent et ce qu'ils étaient.

Il vaut mieux annoncer la couleur et avouer ses limites pour éviter de subir la gêne, la honte ou l'affront.

Il est plus important, et plus agréable à vivre, d'être soi dans le puzzle social sans essayer de jouer un rôle et d'occuper une place qui ne sont pas les siens...

On est mieux « assis » et plus à l'aise avec les siens.

La promotion sociale, mondaine, fait plus de mal que de bien quand elle oblige à forcer sa nature.

• **Assumer son identité,** religieuse, raciale ou ethnique, et ne pas la dissimuler (sauf quand il s'agit de sauver sa vie) par crainte de l'intolérance, de l'exclusion ou tout simplement de la différence.

Certains sont honteux de leur origine, s'en cachent et vont jusqu'à changer leur nom, jusqu'au jour où d'autres la leur rappellent.

La meilleure façon d'éviter d'être en contradiction avec soi-même et avec les autres est de s'assumer et de s'affirmer en tant que tel.

• **Être en accord avec soi,** avec sa manière de penser, ses idées, ses références et son échelle de valeurs, et ne pas s'aligner uniquement pour plaire ou ne pas déplaire, ou parce qu'on est gêné d'être différent, alors que ses convictions sont importantes pour soi.

• **Rester soi-même, être vrai et ne pas essayer de devenir quelqu'un d'autre ;** rester tel que l'on est et ne pas tenter de changer sa nature pour devenir un autre, différent, un autre que vous n'êtes pas et que vous ne serez jamais, ou mal, en adoptant d'autres comportements, une autre manière de vivre et d'autres attitudes sociales, en reniant et en abandonnant vos amis, voire votre famille, uniquement au nom d'une prétendue évolution sociale.

On peut évoluer et progresser dans l'échelle sociale en affinant volontairement certains comportements, en étendant ses relations à des milieux différents, mais sans abandonner ce que l'on est profondément ni renoncer à rien d'essentiel, en apportant, au contraire, aux autres d'autres valeurs qu'ils n'ont pas et une autre manière d'être.

L'enrichissement des uns et des autres vient de ce qui les différencie, à condition que chacun reconnaisse à l'autre le droit à cette différence.

Il ne faut pas renoncer à des habitudes, des loisirs et à de petites choses simples de son enfance et qu'on aime bien simplement parce que « c'est honteux, ça ne se fait pas», car on vit alors une frustration, difficile à compenser.

• **Rester soi-même, ne pas s'assimiler,** car l'assimilation est une forme d'abandon, de perte de son identité, et par conséquent une forme de frustration et une perte de soi.

On peut s'intégrer à une communauté sans être forcément obligé de s'assimiler et de renoncer à ce qu'on est, et à ce à quoi on tient. Ceux qui s'assimilent choisissent la facilité, ou avaient une identité faible, sans racines et sans valeurs. On peut parfaitement vivre dans une communauté nationale, et en harmonie avec elle, en gardant ses valeurs, ses racines et sa culture.

• **Rester soi-même, ne pas essayer de plaire à tout le monde,** parce qu'on n'y arrivera pas et qu'on y laissera un peu de soi.

Ce qui ne veut pas dire qu'il faille déplaire, mais plaire uniquement à ceux avec lesquels vous êtes vous-même.

• **Rester soi-même et s'affirmer,** en sachant que l'obligation d'être soi-même impose quelques restrictions et ne signifie pas assouvir ses désirs et donner à tout prix libre cours, selon la conception freudienne, à ses pulsions sexuelles, à son agressivité, à sa méchanceté et à tout ce qui procure un plaisir, y compris la drogue, sans aucune intervention de notre sur-moi, c'est-à-dire de notre conscience morale et répressive.

Il ne faut pas non plus tomber dans un égocentrisme exécrable qui ne peut que gêner la relation humaine, l'adaptation et l'épanouissement de l'individu.

La solution est toujours dans le juste milieu.

Affirmez-vous

L'affirmation de soi, de sa personnalité et de son moi est indispensable à l'épanouissement de l'individu et à l'expression de son identité.

En dehors de certaines situations de dépendance matérielle et professionnelle, ou de situations politiques particulières (régimes totalitaires) où l'on ne peut s'exprimer et s'affirmer sans craindre pour sa vie, en dehors également de cas de troubles mentaux où la personnalité et le moi sont perturbés, l'affirmation de soi doit être l'objectif quotidien et l'élément moteur du comportement anti-stress. Elle permet d'éviter beaucoup de stress dus à l'inhibition de la personnalité et à la frustration de ne pas avoir défendu ses idées et ses droits.

Elle implique une attitude volontairement affirmative :

- **Exprimez-vous sans détour et sans complexe,** levez vos inhibitions et votre timidité et dites ce que vous voulez et ce que vous pensez sans allusion et sans gêne, en regardant votre interlocuteur « les yeux dans les yeux ». Ne distillez pas « au compte-gouttes » ce que vous avez à dire.
- **Dites « je » et pas « nous »,** n'ayez pas honte de personnaliser, de donner votre opinion, votre sentiment, votre analyse. Votre avis est au moins aussi important que celui de votre interlocuteur. Ne pensez pas qu'il est ridicule, ou qu'il n'intéresse personne. Ne pas donner son avis, c'est s'exclure et laisser faire les choses sans vous, et peut-être contre vous.
- **Défendez vos idées, vos droits et votre territoire,** ne laissez pas les autres le faire pour vous, ils le feraient mal. Nul ne peut mieux le faire que vous-même.

• **Ne vous laissez pas marcher sur les pieds. Et ne laissez pas les autres empiéter sur vos acquis et vos droits,** dites ce à quoi vous tenez et précisez ce que vous n'admettez à aucun prix.

• **Mettez cartes sur table,** et n'ayez pas peur de revendiquer, de demander et de réclamer ce qui vous revient.

• **Exprimez votre désaccord et votre mécontentement,** et ne faites pas semblant d'être satisfait alors que vous ne l'êtes pas ou que vous êtes contrarié.

• **Apprenez à dire non quand il le faut,** ne dites pas oui alors que vous pensez non.

Ne dites pas oui par honte, par timidité ou pour ne pas déplaire, heurter ou contrarier, alors que c'est important pour vous.

Ne dites pas non plus non par opposition systématique, pour ennuyer gratuitement, humilier ou dévaloriser l'autre. Mais dites non après réflexion. Il n'est pas nécessaire de le dire brutalement, avec agressivité et méchanceté, ce qui serait également stressant pour vous.

Vous pouvez dire non normalement, en expliquant que c'est l'expression de votre identité, en donnant vos raisons et vos arguments.

On peut également se soustraire à des situations que l'on n'aime pas en expliquant que c'est mieux ainsi.

Un grand nombre de situations stressantes proviennent d'une absence d'affirmation de soi et d'un oui de complaisance dont on n'a pas mesuré les conséquences. Que de fois on regrette de ne pas avoir su refuser une proposition, une offre de services, une assistance, une invitation et même un dîner, provoquant une situation qui va contre son plaisir, ses intérêts ou ses convictions.

Il faut apprendre à dire :

— Non, ça ne m'arrange pas ;

— Non, ça ne me convient pas ;
— Non, ça bouscule mon emploi du temps ;
— Non, je préfère plutôt ceci ou cela ;
— Non, je préfère que ça se passe comme ceci ou comme cela ;
— Non, je pense que ça sera mieux comme ceci ou comme cela ;
— Non, je ne peux pas le faire, ou je ne pourrai pas venir, etc. plutôt que d'acquiescer sans réfléchir.

Chaque fois qu'on n'a pas agi comme on l'aurait souhaité, parce qu'on n'a pas su ou pas pris le temps de s'affirmer, les choses se déroulent souvent mal et se retournent contre soi. Mais il est alors souvent trop tard pour changer d'attitude.

D'aucuns ne savent pas refuser et se retrouvent dans l'embarras, obligés, ensuite, pour s'en sortir de mentir ou d'inventer des raisons qui finissent par altérer la relation.

La timidité, la honte, la crainte de déranger, l'excès de politesse et de délicatesse, causent parfois plus de mal que de bien. Il faut arriver à s'en débarrasser progressivement.

Qui ne répond acquiesce, et quand on entend dire du mal d'autrui, ou des contrevérités, et qu'on n'intervient pas, parce qu'on se dit : « Cela ne me regarde pas », l'absence d'intervention et d'affirmation de la vérité est également stressante et moralement dérangeante.

Il ne faut pas hésiter à s'engager et affirmer le contraire, même au risque de déplaire.

• **Faites-vous respecter, c'est un bon indice de l'affirmation de soi,** mais sans entrer en conflit avec tout le monde chaque fois que les avis sont contraires à ce que vous pensez, par la domination, la violence, le verbe haut et fort, ni profiter de votre position hiérarchique pour imposer systématiquement vos vues, au détriment et au mépris des opinions des autres.

Il vaut mieux **se faire respecter pour sa propre personnalité et sa valeur personnelle** en dehors de toute considération inhérente à son rôle socioprofessionnel.

• **Soyez « assertifs » : du mot américain *assertiveness*, c'est-à-dire l'affirmation positive constructive et responsable, intelligente, adulte,** qui permet de mieux s'intégrer au groupe et de faire évoluer les choses dans l'intérêt et le respect de soi, mais aussi d'autrui.

C'est la façon optimale de s'affirmer et d'exprimer sa personnalité. Elle suppose un sens de la mesure, de la réplique, du dialogue, de la négociation et du savoir-faire. Elle exige de savoir critiquer, mais aussi de savoir recevoir la critique, de s'imposer et de se faire respecter sans heurter ni blesser.

• **L'affirmation de soi et de son moi ne doit conduire ni à la fuite, ni à l'exclusion et au rejet d'autrui, ni à l'égoïsme forcené, à l'assouvissement de tous ses vices, ni au combat de tous les instants, mais au contraire à l'épanouissement de soi dans l'intelligence et le respect d'autrui. C'est tout un art qui nécessite un apprentissage.**

Lorsqu'on est réellement bien dans sa peau, à l'aise avec son propre personnage, reflet fidèle de la personne profonde, on peut s'affirmer sans agressivité, dire non sans méchanceté, oui sans arrière-pensée. On peut s'affirmer de façon constructive, communiquer sans s'imposer ni s'effacer, dire « je » sans cri ni honte.

Ce n'est pas facile, et il y faut parfois un apprentissage. Certains exercices peuvent au moins aider à mieux s'apprécier, à avoir sur soi-même le regard positif, la dose minimum de contentement sans laquelle nos relations aux autres sont entachées, dès le départ, de frustrations et de tensions.

EXERCICES D'AFFIRMATION ET DE PENSÉES POSITIVES

La façon d'être et de se comporter n'est, en fait, que le résultat des acquisitions apprises dans le temps, et de l'idée, consciente ou inconsciente, que l'on s'est faite progressivement de soi-même et que l'on a ainsi programmé dans son propre cerveau.

Cette idée peut être positive et l'on s'intègre et l'on s'adapte facilement. Elle peut être aussi négative et produire un comportement stressant, inadapté, de passivité et de fuite permanente, ou au contraire agressif et négativiste.

Il existe une méthode pour atténuer, et même corriger les pensées négatives inscrites dans notre mémoire, reflets des échecs conscients ou inconscients survenus dans notre passé qui nous handicapent et nous inhibent.

On peut se construire une image de soi-même plus confiante, plus valorisante, plus sûre, et neutraliser les clichés négatifs que l'on traîne avec soi et qui freinent notre épanouissement.

La technique consiste à déterminer les clichés les plus négatifs ne correspondant pas à une réalité, et à s'exercer ensuite à affirmer le contraire pour s'en convaincre.

Par exemple :

- Clichés négatifs :

— je ne réussirai jamais...
— je suis nul...
— je suis un incapable...

— je suis moche...
— personne ne m'aime...

• Clichés positifs :
— je vais réussir...
— je ne suis pas nul, je l'ai prouvé...
— je suis capable, j'ai fait mes preuves...
— je ne suis pas moche, je plais...
— tout le monde est gentil avec moi...

La méthode est simple : répétez la phrase positive plusieurs fois (dix, quinze, vingt fois ou plus), à la première, deuxième et troisième personne (car c'est à la deuxième et troisième personne que nous avons entendu des affirmations négatives nous concernant).

Dites-la, écrivez-la, et détectez vos réactions négatives spontanées.

Par exemple :
— je vais réussir — non j'en suis incapable ;
— tu vas réussir — non j'en suis incapable ;
— il va réussir — non j'en suis incapable ;
— je vais réussir — non je n'ai pas les moyens ;
— je vais réussir — non, je n'ai pas le courage d'aller jusqu'au bout ;
— je vais réussir — non, c'est trop beau, etc.

Allez jusqu'à : « Je vais réussir, oui, c'est possible, oui il n'y a pas de raison que je ne réussisse pas, oui je vais y arriver, oui je vais réussir, je vais réussir. »

Au fur et à mesure qu'on progresse, les réactions négatives doivent s'estomper pour laisser place à l'affirmation positive qui se consolide et s'affirme définitivement.

Quand l'affirmation positive est acquise, acceptée par notre cerveau, il faut alors l'écrire seule et la répéter comme un leitmotiv pour la programmer définitivement.

Cette méthode peut s'appliquer à toute image positive qu'on voudrait atteindre et à tous les clichés négatifs qu'on a de soi-même ou de ses relations avec les autres, à condition de rester dans des limites réalistes, d'éviter d'affirmer des choses irréalisables, totalement incompatibles avec ce que l'on peut faire, et de faire preuve d'un grain de lucidité. Afficher qu'on est le plus grand, le plus beau, le plus fort, et croire que ça va arriver est pour le moins irréaliste. Cette méthode Coué plus sophistiquée qu'elle n'en a l'air a pour limite le possible.

■ Apprentissage de l'affirmation de soi

L'affirmation du moi commence dans le très jeune âge, car le moi apparaît vers l'âge de deux ans. L'enfant s'identifie en se tapotant la poitrine et réclame ce qui lui appartient : « Moi, moi... à moi ça. »

Le je apparaît un peu plus tard, vers l'âge de trois ans, puis l'affirmation de soi et le désir d'autonomie se confirment progressivement. L'enfant garde précieusement ce qui lui appartient et ne veut pas qu'on y touche, il apprend à dire non, il veut manger et faire les choses seul et refuse qu'on lui prenne la main.

Puis vient la phase œdipienne d'identification sexuelle et de relation particulière avec le parent du sexe opposé, l'autonomie se précise davantage, l'enfant évolue jusqu'à la puberté, vers plus d'indépendance et d'affirmation de soi, passant ensuite à l'adolescence par une phase de contestation et de critique des habitudes familiales et des valeurs acquises.

Il devient de plus en plus indépendant par rapport à ses parents et à son environnement, et affirme sa personnalité à l'âge adulte.

Le moi adulte s'affirme et s'affine avec le temps et l'expérience, prenant conscience du devoir, du réel, du sens de la responsabilité et de l'exigence d'adaptation.

À chaque phase de développement de l'affirmation du moi, il faut le laisser s'exprimer, ne pas le contrarier ni le réprimer, afin d'éviter l'apparition à l'âge adulte de troubles de la responsabilité.

L'affirmation du moi adulte passe par une évolution harmonieuse du moi de l'enfance et de l'adolescence.

Il faut laisser l'enfant s'épanouir et exprimer pleinement son identité, et ne pas l'étouffer, si on veut en faire un adulte épanoui et affirmé et non pas un adulte complexé, introverti, qui aura du mal à s'adapter et à se faire comprendre et respecter.

Prenez du recul

L'enfant veut tout, tout de suite, hurle ou trépigne quand il ne va pas bien. L'adolescent se braque, se renferme, ou fugue. Il faut être adulte pour apprendre enfin à prendre ses distances, pour analyser, réfléchir et ajuster son comportement. Si adulte même que certains, qui ont largement dépassé l'âge mûr, en sont encore incapables.

Pourtant, à réagir trop spontanément et trop vite, on se trompe souvent, on va trop loin pour un jeu qui n'en vaut pas la chandelle, on est en porte à faux avec une situation que l'on n'a pas pris le temps de relativiser.

Si l'on se demandait plus souvent : « Est-ce que ça vaut la peine ? Et est-ce le meilleur moment ? » on éviterait bien des stress inutiles, des énervements sans objet.

À prendre tout à cœur, sans mesure, on finit par se rendre réellement malade. Préserver sa santé physique et nerveuse et son équilibre psychologique exige un peu de réflexion et d'intelligence, du self-control et de la patience. Tourner sept fois sa langue dans sa bouche avant de dire n'importe quoi ou de prendre des engagements irréfléchis ? Pas si bête. Se donner le temps ? Pas impossible.

La précipitation est mauvaise conseillère.

Lorsqu'on réagit trop hâtivement, sans réfléchir, on a plus souvent une réaction inadaptée, violente, maladroite, inutilement agressive et excessive. Les plus emportés sont généralement ceux qui ont un tempérament très extraverti, pointilleux, des exigeants incapables de passer sur rien, n'acceptant aucun compromis, même si finalement leur propre réaction est pour eux plus stressante que l'agression qui en est l'origine. L'absence de self-control et de modération provoque des remords, une insatisfaction de soi dont on ne se débarrasse pas facilement.

Il faut toujours prendre le temps d'analyser ce qui se passe, peser le pour et le contre, comprendre le pourquoi et le comment plutôt que de recevoir les agressions au premier degré. **Face aux mesquineries, aux méchancetés, aux bassesses, à la médisance, à la mauvaise foi, nous devons adopter une stratégie d'autodéfense, prendre du recul et donner aux choses et aux événements une valeur relative.**

Lorsque la situation devient conflictuelle ou déplaisante, quand le dialogue paraît impossible, et que l'enjeu n'est pas essentiel, l'intelligence est de s'y soustraire physiquement en s'en allant, ou psychologiquement en faisant comme si l'on ne voyait ou n'entendait pas.

Lorsque vous vous heurtez à un mur d'incompréhension ou à une malhonnêteté flagrante et que les choses ne dépendent pas de vous, mieux vaut passer à autre chose.

Lorsque vos intérêts ou vos droits sont en cause et que l'enjeu est important, donnez-vous le temps de préparer votre réponse pour mieux réagir à froid.

Certains diront que c'est facile à dire mais plus difficile à faire, et qu'il est dur de prendre du recul et ses distances quand on vous humilie, qu'on vous marche sur les pieds, quand on vous prend ce qui vous appartient ou que vous avez affaire à un chantage.

Toutes ces situations exigent certes une réponse, un défoulement, et une décharge émotionnelle immédiate. Mais est-il intelligent de le faire en toute circonstance ? N'y a-t-il pas danger de compromettre sa position et sa situation ? Il est aussi des situations dans lesquelles on ne peut prendre du recul : la tristesse, la douleur, le deuil, par exemple ; il faut alors laisser libre cours à ses sentiments, sans se brimer sous prétexte d'être digne. Mais, dans les petites choses de la vie, les mille et un moments où l'on se sent bafoué, incompris, la seule stratégie consiste à se protéger en évitant l'agression de plein fouet. C'est en s'éloignant un peu, fût-ce dans sa tête, que l'on pourra, parce qu'on aura moins mal, réagir de façon plus mesurée.

Relativisez

Tout est relatif ? Oui. Une tension momentanée, un instant d'émotion insupportable, une colère irrépressible, une dépression, une angoisse, passent lorsque nous prenons la mesure de l'événement qui les a suscités.

Certes, nous vivons aussi de vrais échecs, de graves déceptions, des drames, et il nous semble parfois que rien d'autre ne compte ni ne les effacera, que la vie même « ne vaut pas la peine d'être vécue ». Pourtant, plus tard, on se rend souvent compte de la valeur relative des événements, que d'un mal est né un bien, que d'un empêchement, d'une contrainte nous est venue une force qui nous a conduits vers une réussite. **Tout empêchement peut être bénéfique.** Sans l'embargo décrété par de Gaulle, Israël ne se serait pas doté de l'armement qui lui fit gagner quelques guerres. Sans la crise pétrolière, la France ne serait pas aujourd'hui plus autonome, au plan énergétique, qu'elle l'a jamais été. Sans avoir été malade, saurait-on ce qu'est la santé ?

La Terre ne s'arrête jamais de tourner. Tout, sauf la vie, la santé, la jeunesse, un être cher, peut être remplacé. Nous devrions nous en rappeler, avoir des valeurs de référence, savoir ce qui est, pour nous, essentiel, et y penser avant de perdre notre sang-froid pour pas grand-chose, quitte à le regretter ensuite amèrement. **En toutes circonstances, il faudrait analyser la nature de l'enjeu, relativiser l'événement, et ne pas perdre de vue l'essentiel.** Ce n'est le plus souvent important que sur le moment. Dites-vous : « Après tout, ce n'est que "ceci" ou "cela"... » et vous verrez que ce n'est pas si grave, ni catastrophique.

Quand un projet n'avance pas comme vous voulez ou quand un obstacle survient en cours de route ou en dernière minute et le fait échouer, dites-vous que c'est peut-être mieux et que vous ne le comprendrez que bien longtemps après.

Manquer un train ou un avion peut vous sauver

la vie. Un rendez-vous raté évite parfois une rencontre désagréable. Un projet irréalisable n'est qu'un projet, et un autre plus intéressant viendra peut-être le remplacer. Tout est toujours relatif dans le temps. Rien ni personne n'est irremplaçable. C'est une pensée que l'on devrait toujours avoir présente à l'esprit pour se prémunir contre le stress. Aussi les privations et les difficultés, éprouvantes et frustrantes sur le moment, amènent parfois l'homme à faire des exploits, changer ses habitudes, trouver d'autres solutions plus satisfaisantes.

Le processus est toujours le même. Les difficultés et les crises provoquent d'abord la colère, l'indignation puis la réflexion et le changement bienfaiteur. Ce n'est qu'après qu'on s'en rend compte. C'est après la maladie qu'on apprécie le mieux la bonne santé et qu'on revient aux vraies valeurs de la vie.

Après des difficultés matérielles ou relationnelles, on apprend enfin la valeur des choses. On peut même supporter la perte d'un collaborateur précieux, considéré comme indispensable et irremplaçable, d'un conjoint dont on a du mal à se séparer. À la première réaction normale de désespoir succède souvent une solution différente et quelquefois plus souriante qui vient, a posteriori, relativiser la première réaction.

Tout a une solution ; « ce n'est jamais la fin du monde ».

Tout se remplace sauf la vie, la santé, la jeunesse, l'amitié et la perte d'un être cher. Tout le reste n'est que « vanité » et ne mérite ni détresse ni rumination.

Malheureusement, c'est toujours après qu'on le vérifie.

Ayez des valeurs de référence

Relativiser signifie que l'on ait en contrepartie des valeurs de référence qui servent de guide et qu'on se fixe des frontières à ne pas dépasser. Que ces valeurs soient morales ou spirituelles, familiales ou professionnelles, elles nous protégeront contre le déraisonnable, le temporaire, la désillusion, le désespoir et le désarroi et nous ramèneront à la vérité et à la tolérance. Pris dans une course effrénée à la réussite matérielle et sociale, l'homme moderne perd souvent son identité et son âme.

Certains s'en rendent compte. Brusquement le numéro 2 d'un des plus grands groupes industriels français quitte une situation brillante et se retire dans une communauté spirituelle. Lors d'un débat télévisé, des journalistes, des hommes politiques, des élèves de grandes écoles reconnaissent que l'absence de valeurs morales et d'idéologie conduit à ne plus percevoir clairement le bien et le mal, et à accepter l'inacceptable, comme certaines thèses racistes, antisociales ou totalitaires. Et l'on s'aperçoit que des incroyants reviennent à la foi, quelle que soit celle-ci. Les religions, les philosophies proposaient des échelles de valeurs qui impliquaient des codes de comportement, le bouclier qui protégeait le croyant et le ramenait à la vérité. L'homme d'aujourd'hui s'enorgueillit de ne croire en rien ; ignorant que de là vient peut-être sa plus grande souffrance. **Dans le monde actuel les valeurs de référence sont plutôt absentes, et cette absence nous rend plus vulnérables.** Sans elles, l'homme ne sait plus à quoi se raccrocher, surtout dans les moments difficiles où il en éprouve le besoin. Les croyants sont moins stressés que ceux qui n'ont pas de foi. Qu'elles soient chrétiennes, juives, musulmanes ou autres, la foi et la croyance en Dieu facilitent l'acceptation des moments difficiles et même celui de la mort d'un être bien-aimé. Tout ce qui arrive est ramené à la volonté du Créateur.

La religion judéo-chrétienne par exemple n'est rien d'autre qu'un code de comportement et une échelle de valeurs permettant à l'homme de se situer par rapport à la société et à autrui.

Les valeurs de référence ne sont pas forcément des valeurs religieuses. Il peut s'agir aussi de valeurs philosophiques, culturelles ou sociales, à condition évidemment que ces valeurs ne soient pas antisociales ou xénophobes. L'essentiel est de s'y référer pour se resituer, revenir aux vraies valeurs pour soi et relativiser ce qui nous arrive.

Le plus important est de pouvoir en toute circonstance savoir où nous allons, par rapport à quoi nous nous orientons, et ce qui est le plus important dans sa propre vie.

L'ESSENTIEL, C'EST LA VIE

Lorsqu'on est stressé, dans les périodes de grandes difficultés, on se laisse volontiers aller au désespoir, oubliant que la vie seule est essentielle. Les malades condamnés, qui s'accrochent jusqu'à leur dernier souffle, nous montrent pourtant l'exemple. Malgré leurs souffrances, ils expriment, par leur volonté, que le stress extrême est bien la mort à laquelle, du plus profond de son instinct, l'homme ne peut se résigner. Si nous y pensions parfois, lorsque nous voyons tout en noir, que nous baissons les bras devant une difficulté passagère, nous saurions que peu de choses valent de se perdre, et que vivre est le seul combat que nous devons gagner.

Les petites misères quotidiennes, les difficultés, les épreuves, aussi pénibles soient-elles, ne sont finalement rien par rapport à l'essentiel : la vie, la santé, la famille, l'amitié, seules valeurs de référence universelles.

Décidez

Décidez, tranchez, clarifiez, rien n'est pire que le flou, l'incertitude, l'ambiguïté. Une vie de couple qui s'effiloche, une situation difficile qui s'éternise, un problème qui reste sans solution deviennent vite insupportables. L'absence de décision est aussi stressante que la « surdécision », l'obligation permanente de décider. **Il faut éviter de laisser les choses en suspens et de reporter constamment la décision au lendemain.**

Qu'elle soit bonne ou mauvaise, la prendre est un soulagement. Lorsqu'un couple ne s'entend plus, refuser de trancher signifie toujours laisser la situation se dégrader, l'anxiété s'installer. Dans la vie quotidienne, professionnelle, politique, il est plus pénible de laisser pourrir la situation que de choisir une option claire, même si elle paraît radicale. Certains ne savent jamais décider et sont hésitants pour tout, même pour choisir un vêtement ou un plat. Pour eux, tout choix est problématique. On dit que les Balance sont plus hésitants que les autres. On ne peut s'imposer ni se faire respecter si l'on reste évasif et incertain. On n'est pas à l'aise quand « on ne sait pas sur quel pied danser». Notre cerveau n'aime pas le flou et, l'incertitude des uns créant toujours le malaise des autres, ceux qui sont incapables de se décider rendent les autres malheureux.

Ne regrettez rien et ne ruminez pas

Regrets et rumination comptent au nombre des facteurs de stress les plus graves et les plus importants.

Un homme ne peut rendre à son voisin l'importante somme d'argent qu'il lui a empruntée. Il n'en dort plus. Une nuit, excédé, il lui téléphone, lui annonce qu'il ne pourra s'acquitter de sa dette, se recouche et s'endort. C'est le voisin qui eut des insomnies... Parabole exemplaire, comme toutes les paraboles. Ruminer ses échecs, ses insatisfactions, ses déceptions, c'est les prolonger, les laisser envahir nos pensées.

C'est parce qu'ils ruminent, ont des regrets ou des remords, s'en veulent ou en veulent aux autres, que des millions de Français ne dorment pas ou mal la nuit: la rumination engendre toujours le stress et l'anxiété.

La rumination est un processus psychologique, conscient ou inconscient, qui survient chaque fois qu'un problème n'est pas ou mal réglé, que l'on reste insatisfait et que notre cerveau ne peut se déconnecter. La seule solution pour trouver le repos est alors de prendre une décision et de trouver une solution. Il est impératif de classer ce qui nous agresse. Tergiverser, ressasser, regretter ce qui est fait, ou non fait, empêche de passer à autre chose, et l'insatisfaction est un stress permanent. Lorsque vous avez pris un engagement ou une position dont vous êtes mécontent, n'hésitez pas à revenir dessus, à préciser votre opinion pour modifier votre attitude et être en accord avec vous-même.

Assumez ce que vous faites, tournez la page. Il y a toujours, dans la vie, un chapitre suivant.

Appréciez ce que vous avez

Ne pleurez pas sur votre sort. « Est riche, dit la Bible, celui qui est content de ce qu'il a. » Vouloir en permanence autre chose est de l'utopie, et l'utopie est frustrante car elle est sans limites. On ne peut toujours vouloir plus, ou mieux, et ceux qui rêvent de ce qu'ils n'ont pas ne sont jamais rassasiés. Il y a de la sagesse à apprécier ce qui est et ce qu'on a. On peut être heureux en ayant peu et malheureux en ayant beaucoup. La richesse est parfois synonyme de solitude. Cela ne veut pas dire qu'il faut renoncer à toute ambition, mais seulement qu'il ne faut pas tomber dans le piège de la course folle au « toujours plus ». Le bonheur n'est pas forcément dans les grandes choses ni dans le luxe. Les petites choses procurent aussi des joies et des satisfactions.

■ Vivez le moment présent

À toujours regretter le passé, on finit par ne plus vivre. À trop attendre le futur on rate le présent. Pourtant, combien de fois n'avons-nous pas la nostalgie du passé, du temps d'avant, celui-là même que nous avons si mal apprécié lorsque nous le vivions. Contrairement au titre d'un livre célèbre, la nostalgie est toujours ce qu'elle était et la mémoire embellit le passé.

Presque semblable et pourtant différente par nature est l'attitude fébrile, impatiente et folle de ceux qui vont toujours plus loin, toujours ailleurs, qui ne savent s'arrêter pour profiter de l'instant qui passe, et se privent de joies qu'ils ne voient même pas. Ils voudraient autre chose, rêvent de demain, n'ont que des projets, ne regardent vraiment ni ceux qui sont là ni ce qui les entoure. Parfois ils l'obtiennent, parfois non, parfois trop tard. Le bonheur qu'ils tenaient entre leurs mains s'est souvent enfui lorsqu'ils s'en rendent compte.

On n'apprécie souvent les événements, les moments vécus parfois exceptionnels, qu'a posteriori, à travers les souvenirs, les photos ou les films, alors que le temps présent qu'on vit avec ceux qu'on aime a une valeur inestimable. Chaque instant compte. Il faut le vivre pleinement et ne pas le perdre, le gaspiller dans l'insatisfaction permanente et la rumination. Un jour perdu est un jour de moins dans votre vie et vous rapproche de l'échéance finale. On ne se le rappellera jamais assez. Le jour où on en prend conscience, il est souvent trop tard.

Gérez votre temps pour ne pas le perdre

Pas le temps, plus le temps, jamais le temps, leitmotiv. Mais, le temps, c'est la vie et ceux qui n'en ont pas le perdent, courent après, gâchent leur vie.

Gérer son temps, c'est utiliser au mieux

celui que l'on a, c'est choisir de ne pas le gaspiller en :

— actions superflues ;
— bavardages sans intérêt ;
— causes perdues d'avance ;
— obligations dont on peut se passer ;
— dîners et mondanités inutiles ;
— repas-corvées ;
— relations sans intérêt ;
— débats stériles, contrariants, ennuyeux ;
— réunions de travail interminables.

Cette liste pourrait être infinie et chacun saura faire la sienne.

Un bon moyen pour ne pas l'oublier est de penser parfois que, comme notre capital-énergie, notre capital-temps s'use et s'amenuise sans espoir de retour. On peut perdre sa fortune et en refaire une autre, sa situation et en retrouver une, on ne peut rattraper le temps perdu. Et cette perte est d'autant plus importante que l'on est plus âgé, d'autant plus frustrante que le temps envolé a été passé en futilités ou consacré à de faux problèmes.

Gérer son temps, c'est d'abord gérer sa vie, en savoir le sens et en avoir fixé les objectifs en fonction desquels on peut programmer ses actions, et les intégrer dans un emploi du temps, global ou quotidien, afin de ne pas se disperser, ni s'écarter de ce qui est réellement important pour soi.

Pour que cette gestion du temps soit possible, il faut qu'elle soit intelligente souple, cohérente, réaliste, qu'elle tienne compte aussi des aléas, des impondérables, de ce à quoi on ne s'attendait pas et dont on n'est pas responsable : la gestion du temps doit s'adapter aux circonstances et évoluer en fonction des priorités du moment.

Pour bien gérer son temps, il faut:
— ne pas en perdre;
— l'utiliser utilement et positivement.

— Ne perdez pas votre temps: le temps c'est la vie.

— Ne donnez pas inutilement votre temps au premier venu, aux parasites, aux «tueurs du temps».

— Ne laissez pas la porte de votre bureau ou de votre appartement ouverte au «tout-venant», à ceux qui ont du temps à perdre et ceux qui veulent seulement passer le temps.

— Choisissez ceux que vous voulez ou devez voir, et ceux avec qui vous avez envie de passer un moment.

— Ne vous laissez pas guider par le temps, c'est à vous de le guider, de le maîtriser et de lui donner un sens.

— Il existe un temps pour chaque chose, «un temps pour semer, un temps pour récolter», un temps pour travailler, un temps pour se divertir et se reposer. Faites chaque chose en son temps, pas dix mille choses à la fois.

— Faites ce que vous faites, concentrez-vous sur une seule chose et faites-la.

— Faites les choses une par une et ne vous dispersez pas.

— Ne commencez pas plusieurs choses à la fois sans en terminer aucune. Terminez d'abord ce que vous avez commencé.

— Ne remettez pas au lendemain ce que vous devez faire le jour même, ça vous évitera de ruminer.

— Mettez de l'ordre dans vos idées, dans votre programme et organisez-vous.

— Rangez vos affaires pour ne pas avoir à fouiller partout chaque fois que vous avez besoin d'un papier ou d'un dossier, c'est un stress inutile.

— Tenez un agenda où seront fixés vos objectifs et vos priorités.

— Faites un programme approximatif étalé sur quelques semaines ou quelques mois, et un programme hebdomadaire et surtout journalier plus détaillé en y prévoyant des temps morts de sécurité, pour l'imprévu.

— Tenez compte d'abord des priorités, des choses importantes, ne vous noyez pas dans le détail. Revenez toujours à ces priorités et n'hésitez pas à modifier votre programme en fonction d'elles.

— Observez des pauses dans votre emploi du temps pour vous permettre de souffler et de vous consacrer un peu de temps à vous-même.

— N'attendez pas la dernière minute pour faire ce qu'il faut faire, c'est la meilleure façon de stresser, à moins que vous n'ayez besoin de ce stress pour vous stimuler.

— Ne vous entêtez pas, et n'hésitez pas à changer d'objectif quand la cause n'en vaut plus la peine.

■ **Organisez mieux vos réunions :**

— Prévoyez un emploi du temps et un ordre de discussion et essayez de vous y tenir sans dépasser le temps prévu.

— Annoncez d'emblée le but de la réunion, les questions à aborder, les problèmes à résoudre sans vous disperser, et éviter les sujets qui n'ont rien à voir avec l'objet de la réunion.

— Dites qu'on ne vous dérange pas pendant la réunion, évitez de vous absenter et de faire des « va-et-vient » qui indisposent tout le monde.

— À la fin de la réunion, résumez les résultats,

ce qui a été réglé et ce qui reste éventuellement à régler.

■ **Organisez et planifiez vos rendez-vous :**
— En donnant à votre secrétariat des consignes et en le tenant au courant de vos objectifs et de votre manière de travailler. Pas de rendez-vous sans votre accord, ni de rendez-vous parasites.
— Le temps d'un rendez-vous est important : mieux vaut qu'il soit approprié et ne tombe pas dans votre emploi du temps « comme un cheveu sur la soupe », il ne serait profitable pour personne.
— Recevez les gens au moment où vous êtes le mieux disposé.
— Aménagez dans votre emploi du temps un temps pour les rendez-vous : cela vous évitera de perturber votre rythme et votre concentration au mauvais moment.

■ **Domptez votre téléphone : c'est un générateur de stress :**
Dans nos sociétés de grande communication, le téléphone, qui est un instrument indispensable de communication et de travail, ne représente pas moins un facteur fréquent d'agression chez ceux qui en font une mauvaise gestion.
Il nous arrive tous les jours d'être en rendez-vous chez un avocat, un médecin, un homme d'affaires, ou qui que ce soit, et de pester parce que la personne qui nous reçoit, agressée par des appels qui n'en finissent pas, n'arrive pas à communiquer avec nous.
Cela crée une tension et un malaise insupportable pour celui qui attend, et aussi pour celui qui reçoit les appels.
Il y a un minimum de respect à avoir pour celui qu'on reçoit ; ce type de stress est facile à éliminer, il suffit de mieux s'organiser, et de demander à la

secrétaire de noter les coordonnées de ceux qui téléphonent en leur disant qu'ils seront rappelés plus tard, après le rendez-vous en cours ou à une heure convenue d'avance pour ne pas créer le même problème dans le sens inverse.

C'est une règle de bon sens et de bonne organisation qui ne peut être que bien appréciée de part et d'autre.

Ce qui est désagréable, c'est l'absence d'organisation, et la difficulté de joindre notre interlocuteur parce que justement il n'est pas organisé, qu'il est toujours absent, ou toujours occupé, ou en ligne.

On peut aussi prévoir dans son emploi du temps journalier un temps consacré à la réception des appels. On sera plus disponible et plus détendu. De même, il revient à ceux qui sont chargés de recevoir et de passer les communications de demander de quoi il s'agit, de trier les appels selon leur importance et leur urgence, et même de répondre et de prendre des initiatives, au lieu de passer n'importe quoi, au mépris des conséquences.

Quand on reçoit, on se doit d'être disponible et attentif envers celui qu'on reçoit. C'est un minimum de bienséance.

■ **Gagnez du temps en :**

— évitant de tourner en rond parce que vous ne savez pas par quoi commencer, ou parce que vous n'avez pas envie d'aborder telle ou telle question ;

— prenant la précaution de partir à temps pour vos déplacements ou vos rendez-vous ;

— prenant l'habitude de confirmer, de prévenir avant de vous déplacer, et de vous assurer que rien n'est changé, ni un horaire de rendez-vous, ni un départ d'avion.

— préparant à l'avance un voyage, des vacances, vos courses.

Profitez de votre temps et consacrez-en le plus possible à ce que vous aimez, à ce qui vous fait plaisir et vous motive et aux gens que vous aimez. C'est la meilleure façon de bien l'utiliser et de ne jamais regretter de l'avoir perdu.

Évitez les malentendus

On communique à tout moment, partout, avec tout le monde. Érigée en symbole de l'évolution de la société, la communication a même gagné ses lettres de noblesse, formalisée en stratégie pour les entreprises. C'est d'ailleurs là, souvent, qu'elle dérape, par manque d'habitude ou de volonté. L'information circule mal, du bas vers le haut comme du haut vers le bas. Le patron ne prend pas le temps, les cadres se mentent entre eux, les relations interservices sont inexistantes, les moins élevés dans l'échelle salariale ignorent tout... ainsi se créent des conflits interminables et stériles.

Informer, c'est aussi expliquer. Dialoguer, c'est se faire comprendre. Les fausses interprétations, les quiproquos, la mauvaise foi font mal. Les dialogues de sourds débouchent toujours sur des malentendus. Et de ceux-ci naît toujours une dysharmonie. Parfois la guerre.

Le besoin de communiquer est aujourd'hui permanent. On doit communiquer avec ses collègues, son patron, ses amis, sa famille, avec tout un chacun.

Avec l'avènement de la société industrielle et des techniques modernes, la communication s'est considérablement développée entre les pays, les entreprises, et aussi entre les êtres humains. Elle est devenue un vecteur obligatoire et essentiel d'échanges et de progrès entre les peuples, un outil déterminant de travail et de marketing. Mais cette communication ne se passe pas toujours sans heurts et sans stress, dus à la fois à des malentendus fréquents et aux relations compétitives et conflictuelles qui sont la marque de notre société.

Dans les entreprises, les difficultés de communication représentent une cause majeure de stress. Pourtant la réussite de l'entreprise dépend pour beaucoup de la compréhension et de l'application des objectifs fixés, et donc de la qualité de la communication et de la transmission de l'information.

Certaines entreprises, conscientes de l'importance de la communication, ont créé un poste de responsable de la communication et utilisent les techniques audiovisuelles pour assurer une bonne communication à l'intérieur mais aussi à l'extérieur, entre l'entreprise, sa clientèle et les médias. Les tableaux d'affichage ne suffisent plus. Un jeune patron me disait l'autre jour qu'il dormait mal et se plaignait de son côlon parce qu'un de ses messages avait été mal interprété, provoquant un conflit entre la base et la direction, alors qu'il croyait avoir pris toutes les précautions pour annoncer ses réformes et ses objectifs.

Le développement et l'épanouissement de l'entreprise dépendent ainsi beaucoup de la qualité de sa communication, interne mais aussi externe : on peut avoir un bon produit et ne pas savoir le présenter ni le vendre. C'est peut-être l'explication du boom de la publicité dont le rôle est de mieux faire passer le message commercial de l'entreprise.

Si les conflits interpersonnels sont aujourd'hui plus fréquents, c'est parce que les gens

communiquent davantage et mal. Fini le temps du mandarinat où on n'entendait ni ne voyait les responsables ; tout un chacun, quelle que soit sa place dans l'entreprise ou dans la société, est aujourd'hui obligé de communiquer et de faire passer son message.

Mais la communication est souvent tendue et conflictuelle parce qu'elle est ambiguë, confuse et incomplète. Bien des gens ne s'expriment pas totalement et n'explicitent pas leurs pensées. Certains ont même l'art de cultiver l'ambiguïté et la confusion. Or il n'est rien de plus simple que la clarté et la transparence du langage.

« Ce qui se conçoit bien s'énonce clairement et les mots pour le dire arrivent facilement », disait déjà La Bruyère.

Dites ce que vous avez à dire, sans détour, sans allusion, sans faux-fuyant ni confusion, en faisant même attention aux jeux de mots qui peuvent être, parfois, mal interprétés.

Dites ce que vous avez à dire complètement, sans honte ni réserve. Vous pourrez ainsi vous affirmer, vous libérer.

Pour être compris, soyez clair et précis : un mot est un mot. Ne prenez pas un mot pour un autre.

Pensez à ce que vous avez à dire, pour ne pas dire n'importe quoi, puis dites-le comme vous le pensez.

Évitez de communiquer quand vous êtes en colère, votre message serait changé.

Expliquez bien vos pensées, votre position, vos intentions, vos réflexions pour qu'il n'y ait pas de malentendu, répétez-le si vous avez l'impression de ne pas avoir été compris et appuyez-le par des exemples pour éviter toute ambiguïté et toute confusion. N'hésitez pas à résumer à la fin de l'entretien ce qui vient d'être dit.

Vous éviterez ainsi bien des stress, bien des difficultés trop fréquentes nées d'une mauvaise interprétation ou d'un quiproquo, et tous les procès d'intention qui attisent la mauvaise foi.

■ **Prenez le temps de réfléchir avant de répondre.**

Les réponses et les réactions précipitées, sans réflexion, sont souvent malheureuses et maladroites, ne correspondant pas toujours à ce qu'on voulait dire et à ce qu'on voulait obtenir.

Les paroles prononcées peuvent dépasser la pensée et être involontairement blessantes et agressives, insuffisamment affirmatives et inefficaces, allant parfois à l'encontre de nos intérêts.

Elles peuvent aussi nous impliquer et nous engager à la légère dans des processus nullement souhaités.

On ne prend jamais assez de temps pour réfléchir. On est souvent pris au dépourvu et on dit n'importe quoi sans le penser vraiment ni analyser les conséquences. Nos jugements traduisent souvent plus une réaction passionnelle qu'une pensée mûrie, nous mettant en mauvaise posture et mal à l'aise.

Ceux qui maîtrisent bien l'art du dialogue laissent parler l'interlocuteur, pour se donner le temps de réfléchir, et ne s'engagent jamais précipitamment et à chaud.

Il faut trouver des astuces pour contrôler sa réaction spontanée et différer sa réponse.

Quand il s'agit d'une conversation téléphonique, on peut toujours dire: « Ne coupez pas, on me demande », ou : « Pourrais-je vous rappeler ?

C'est plus difficile lorsque l'interlocuteur se trouve en face de vous. Dans ce cas, il ne faut pas hésiter à dire: « Donnez-moi le temps de vérifier quelque chose ; mon emploi du temps ou mes engagements » (quand il s'agit d'une invitation) ou à trouver n'importe quel moyen de prendre du recul.

Au pire, mieux vaut décevoir, ne pas donner de réponse que de dire n'importe quoi et d'avoir à le regretter.

« Tourner sa langue sept fois dans sa bouche avant de parler » ne signifie pas avoir la « langue de bois » ni faire une « réponse de jésuite », et encore moins opposer un non systématique à tout ce qu'on vous demande. On peut trouver un compromis raisonnable entre les réponses hâtives, qui ne correspondent à aucune pensée ni aucune réflexion, et les réponses laborieuses jamais engagées, stressantes pour l'interlocuteur et pour soi-même.

N'essayez pas d'avoir toujours raison

C'est une tendance naturelle, surtout aux individus de type psychologique. A, extravertis, plutôt dominateurs, parfois paranoïaques, de vouloir imposer sa manière de voir, rejeter les avis contraires, mépriser et ignorer ce que dit et pense l'autre, souvent même sans avoir pris le temps de l'écouter et de comprendre.

L'être humain, réputé raisonnable, a le travers de vouloir toujours avoir raison. L'orgueil prend souvent le pas sur l'intelligence. Pour prouver et convaincre à tout prix, on se bute, on s'entête, on se fâche, mais la vie en collectivité exige un effort et il faut savoir accepter les différences, la diversité, les opinions divergentes. Il faut admettre l'autre.

Il n'y a pas de vérité absolue et monolithique, ni de raison absolue. Personne ne peut prétendre avoir toujours raison. Chacun a raison, et chacun a ses raisons qu'il faut apprendre à recevoir, comprendre et accepter.

Nos sages nous enseignent qu'on apprend toujours quelque chose de l'autre. Il suffit d'avoir l'humilité d'écouter.

Il arrive même que chacun ait raison, ou que personne n'ait tort. Il n'est pas indispensable, hors la confrontation commerciale ou politique, d'imposer son point de vue à son interlocuteur et à son entourage.

Toute opinion peut être respectable. Il faut apprendre à admettre et ne jamais oublier que le dialogue est avant tout un échange ; le péché est de vouloir avoir l'exclusivité de la raison, de croire être seul détenteur de la vérité.

Le respect de sa vérité commence par le respect de la vérité d'autrui.

Comptez sur vous-même

À trop miser sur les autres, on peut perdre. Et le stress qui en découle est d'autant plus important que celui sur lequel on avait compté représente à nos yeux une valeur affective ou morale. La déception est d'autant plus forte qu'on se retrouve dans une situation à laquelle on ne s'attendait pas. Étrangement, on souffre aussi souvent du contraire, et les mêmes qui attendent des autres plus qu'ils ne peuvent donner s'étonnent qu'on puisse tant compter sur eux.

L'intérêt des uns est rarement l'intérêt des autres. Fonder ses espoirs et ses projets sur quelqu'un, dépendre de l'amour ou de la bonne volonté des autres, c'est à coup sûr s'exposer à de cuisants échecs.

Comptez d'abord sur vous-même. Mettez un point d'honneur à ne pas vous décevoir. Les bienfaits venus des autres sont le surplus, un cadeau de la vie, imprévisibles comme un don.

Il nous arrive tous les jours d'être déçus, découragés, parce que nous avons trop compté sur les autres ou sur une situation, parce qu'une attente ne s'est pas réalisée, parce qu'un projet sur lequel nous avons misé ne s'est pas concrétisé, parce que ce qu'on attendait de quelqu'un, surtout s'il s'agit d'un ami ou d'un parent, ne s'est pas réalisé, parce qu'une prise de position que nous attendions n'a pas eu lieu, etc.

Le stress qui en découle est d'autant plus important que l'objet de l'attente représente pour nous une valeur morale ou matérielle importante, que celui duquel nous attendions quelque chose nous est cher et que le résultat que nous escomptions remet en cause beaucoup de choses.

La déception est souvent forte, et déprimante, parce qu'elle nous place dans une situation à laquelle nous ne nous attendions pas et qu'elle induit un changement brutal, auquel nous n'avions été préparés, annulant d'un trait beaucoup de nos prévisions, nos espoirs, nos fantasmes. Mais le château qui s'écroule brutalement, parce qu'on a eu trop confiance et qu'on a trop misé sur quelque chose ou sur quelqu'un, était le plus souvent un château en Espagne. **N'attendez pas trop non plus des projets que vous faites et que vous mettez en route.** Les miracles sont rares dans les affaires et l'extraordinaire ne se produit généralement pas. La déception, là encore, vous guette.

« Un homme averti en vaut deux », dit la sagesse populaire. Et encore : « Ne mettez pas tous vos œufs dans le même panier »... Dites-vous toujours au départ que ce que vous voulez peut ne pas aboutir. Ainsi vous ne serez pas surpris si votre projet ne se réalise pas.

Bien des gens, surtout s'ils n'ont pas d'expérience, pensent naïvement que le miracle va se produire, que les choses qu'ils ont entreprises vont se réaliser et changer leur vie ; ils ne se préparent jamais assez au contraire. Ils oublient souvent que, quoi qu'ils fassent, la réussite de leur projet dépend aussi des autres, de leur réaction, de leur jugement et surtout de leurs intérêts ; que la manière qu'ont les autres de voir les choses n'est pas forcément similaire à la leur et que leur empressement n'est pas aussi rapide que le leur. On ne tient jamais assez compte de l'impondérable, de ce qui ne dépend pas de nous. Notre motivation et notre enthousiasme ne rencontrent pas forcément une réponse chez nos interlocuteurs.

Nous sommes souvent déçus aussi, parce que nous trouvons que les choses ne vont pas vite, et que « ça traîne » ; nous attendons fébrilement une concrétisation qui ne se fera peut-être pas, ou peut-être plus tard. Quand on dépend de la décision des autres, il faut savoir s'armer de patience. Sans être défaitiste, mieux vaut s'attendre à moins, et même au pire, et ne pas considérer quoi que ce soit comme acquis. On risquerait alors de tomber de haut, et de se faire très mal. **Ne vivez pas accroché à l'attente. Parmi vos hypothèses, tenez compte d'un échec éventuel, préparez votre réaction et une solution de rechange.**

Ne misez ni sur une seule personne, ni sur un seul

espoir, ni sur un seul projet. Diversifiez au contraire vos attentes, vos espoirs, vos projets, vos choix, vos options. Vous aurez alors, peut-être, une chance d'être satisfait car la réalisation de l'un compensera l'échec de l'autre.

Soyez réaliste

On rêve toujours de changer la vie, et surtout sa vie. Le succès sans précédent des jeux de hasard, comme le loto, en dit assez sur les espoirs informulés, les tentations, les désirs des hommes et des femmes d'aujourd'hui.

Mais l'illusion ne peut devenir un objectif. Le bonheur, la réussite, l'amour, avec un grand B, un grand R, un grand A, font des rêves agréables, des motivations stimulantes, pas des modes de vie. Les châteaux en Espagne ne remplacent pas la maison où l'on rentre le soir et si « l'espoir fait vivre », n'oublions pas qu'« on ne peut vivre que d'espoir ». Nous devons nous construire des espérances réalisables, des désirs possibles, des motivations fondées sur une réalité. À trop s'éloigner du réel, on ne trouve que la folie.

Nous devons fixer les espérances au niveau du réel et du réalisable pour éviter la déception, la désillusion et le découragement.

Le stress naît souvent d'un décalage entre l'espérance et la réalité. Nous voulons tous devenir riches et célèbres. Pourquoi pas ? C'est possible pour certains, ceux qui se battent, les ambitieux qui appliquent toute leur énergie et toute leur intelligence à atteindre cet objectif.

Cela l'est moins pour d'autres, ceux qui n'en ont pas les capacités et ne font rien pour y aboutir, attendant sans rien faire que la fortune leur tombe du ciel, comme la manne.

Certaines choses sont possibles, si l'on réunit un minimum de conditions. D'autres sont irréalisables, lorsque ni la situation, ni les capacités, ni le comportement n'y prédisposent. Nous voulons tous devenir patrons. C'est possible. À condition d'en avoir l'étoffe, le caractère et le tempérament. Celui qui est paresseux, n'a aucun sens de l'initiative, n'a pas de goût du risque, a peu de chances d'y arriver, même s'il en rêve toute la journée. « Il faut aider la chance », dit le proverbe, et il est vrai que la chance peut se présenter. Encore faut-il être capable de la saisir. Ce n'est pas par hasard que les gens réussissent, ils le doivent à la chance, peut-être, pour une part, mais surtout beaucoup à leur travail, à leur ingéniosité, souvent à leurs sacrifices. Pour réussir, il faut y mettre du sien : le ciel, on le sait, aide ceux qui s'aident eux-mêmes.

Protégez votre territoire

L'être humain est, comme l'animal, attaché à son territoire, à ce qu'il possède, à ses privilèges, son champ d'action et ses prérogatives. Il a son patrimoine et ne supporte pas qu'on y touche. Tout est matière à possession : famille, amis, travail, espace, objets... Les nations se battent pour un bout de frontière, les enfants pour une bille, les autres pour n'importe quoi, pour peu qu'ils y tiennent. Ce n'est pas être Harpagon que reconnaître la pulsion profonde qui nous pousse à avoir quelque chose à nous, et chacun a le droit de se protéger. De préserver ce qui lui est essentiel

Un directeur de société, un chef de service, un

représentant à qui l'on retire une partie de son pouvoir, un cadre qui se sent «doublé» par un autre, un employé qui doit du jour au lendemain partager son bureau ou son travail ou faire contrôler celui-ci par un autre, bref tout travailleur qui subit un changement touchant à ce qui lui appartient, son indépendance d'action, sa zone d'influence et ses privilèges, le ressent immédiatement comme une frustration et une humiliation importantes, même si on ne touche pas à son salaire.

Les fusions de société et les changements de propriétaires, très fréquents ces dernières années, s'accompagnent très souvent d'un remue-ménage, de mutations et d'amputations de pouvoir, responsables de beaucoup de stress et de drames psychologiques.

De nombreux cadres et directeurs, bien que promus à des postes honorifiques, se retrouvent souvent privés d'une partie de leur pouvoir, et le vivent toujours mal. Car les hommes préfèrent le pouvoir aux honneurs et aux titres pompeux.

Au lendemain d'un changement de pouvoir politique, des hommes politiques, des grands patrons et des cadres supérieurs, des hauts fonctionnaires se retrouvent privés de pouvoirs, de responsabilités et de privilèges. La «mise au placard», le passage à l'anonymat s'accompagnent d'un état de stress non négligeable, responsable parfois de déprime et de toutes sortes de troubles.

Les grands hommes politiques privés de pouvoir connaissent des lendemains parfois difficiles. Des troubles de santé latents peuvent se réveiller brusquement. Souvenez-vous des ennuis de santé de Nixon, de Begin, du Shah, et de bien d'autres.

Le divorce, une mise à la retraite, peuvent avoir

les mêmes effets secondaires car ils représentent souvent une perte de territoire et d'influence.

Protéger son territoire, c'est protéger son travail, son domicile, sa vie privée, sa famille, ses amis, ses relations, et évidemment ses acquis et ses privilèges socioprofessionnels. Mais ausi ses droits fondamentaux d'indépendance et de liberté. Les gouvernants le savent qui, par exemple, ne touchent pas au droit de grève.

La protection de sa famille est certainement, pour chacun, le bastion le plus cher à défendre, nous en sommes tous convaincus. Personne n'admet que l'on touche à son foyer, à ses enfants. Certains tuent pour une place de stationnement, aberration insigne du sens de la propriété. L'excès même de ce genre de comportements montre à quel point la moindre parcelle de ce qui nous paraît faire partie de notre patrimoine nous est indispensable.

Protégez votre liberté

La liberté est un besoin vital. Elle est inscrite dans la constitution des pays qui justement sont libres, comme droit imprescriptible. Pourtant nous sommes soumis à des contraintes de toutes sortes, et nous les acceptons car elles font partie des règles de toute société organisée. Il est plus dur d'admettre que l'on dépend d'un plus fort, plus riche, plus puissant que de vivre des responsabilités trop grandes, des affections pesantes. Le pouvoir de l'autre est toujours une atteinte à une liberté qu'on souhaiterait totale, alors même qu'elle serait alors aussi insupportable. Nous devons donc nous efforcer à la fois de préserver notre indépendance et d'adoucir les contraintes que nous faisons peser sur les autres : enfants, conjoint, amis, relations professionnelles. Le pouvoir comme la liberté s'apprennent et exigent qu'on y prenne garde.

La dépendance, quels que soient son type, sa forme et son degré est toujours mal supportée, contraignante, frustrante et humiliante. Même si elle est latente et insidieuse, elle fait mal. On peut admettre certaines dépendances car la société est ainsi structurée et que l'on n'y peut rien : la dépendance professionnelle, par exemple. Mais même cette subordination, tout à fait acceptable dans la majorité des cas, peut devenir parfois pesante et donner envie de tout « plaquer » parce que le système est étouffant et qu'on ne veut plus dire « amen » à tout. L'excès de responsabilités, qui est une autre forme de dépendance, peut engendrer les mêmes réactions.

Mais à toutes ces formes de dépendance professionnelle, que l'on soit manœuvre, employé de maison, cadre, ou journaliste obligé de respecter certaines consignes et d'observer certaines réserves, on peut toujours trouver une justification car cette dépendance relative apporte d'autres avantages dont — et ce n'est pas le moindre aujourd'hui — la sécurité de l'emploi.

On peut aussi, à l'intérieur de cette dépendance, s'aménager des échappatoires, des soupapes de décompression pour prendre le temps de souffler, des bouffées d'oxygène et de liberté. Chacun a ses recettes, ses trucs pour échapper au système et affirmer son indépendance.

La dépendance conjuguale ou familiale est toute relative et plus insidieuse mais le plus souvent acceptable parce que c'est une condition qu'on a choisie, sine qua non, de l'union et du lien parental.

Elle ne devient contraignante que lorsque les rapports sont conflictuels pour d'autres raisons.

Les adolescents passent souvent par des crises d'indépendance, surtout dans les familles où l'autorité parentale est trop forte et pesante. Il revient aux parents d'assouplir leur position, de les traiter en adultes responsables, de les rassurer et de leur assurer une certaine forme d'indépendance physique, et également matérielle, en leur allouant un budget, une chambre indépendante ou un coin à eux.

Certaines femmes, surtout celles qui restent au foyer, vivent mal la dépendance matérielle et la ressentent souvent comme une humiliation et comme une frustration. Elles n'aiment pas devoir demander chaque fois qu'elles doivent faire ou acheter quelque chose dont elles ont envie. Cette dépendance matérielle est pour elles plus difficile à supporter que les autres formes de dépendance qui peuvent exister dans le couple.

Avoir de l'argent à soi constitue pour elles la seule forme d'indépendance qui leur assure la possibilité de se libérer en faisant ce qu'elles veulent.

Là aussi la solution est facile à trouver. Il suffit d'un peu de bon sens et de générosité.

La dépendance sexuelle, l'obligation pour un conjoint de répondre au désir de l'autre à un moment où il n'en a pas envie, est une source de stress dont la solution passe aussi par l'intelligence et la compréhension. Quand cette forme de dépendance devient insupportable, alors le problème est plus grave et nécessite peut-être une consultation spécialisée.

Il existe d'autres formes de dépendance, plus psychologiques, plus sournoises, surtout dans le domaine relationnel où la liberté de décider, de choisir, d'agir et de rester soi-

même peut être, dans certains cas, entravée. Ainsi en est-il des relations envahissantes, passionnelles, où l'on ne peut rien faire ni décider sans le « feu vert » de l'autre, où le moindre geste, le moindre mot peuvent déclencher une scène de jalousie.

Une amitié qui n'apporte pas détente et liberté d'être n'en est pas une. Une amitié qui vous oblige à rendre des comptes, à vous justifier constamment, ou qui devient un obstacle ou une entrave n'est pas une amitié et il vaut mieux s'en défaire.

On ne peut concevoir une relation sociale, si elle n'est pas facteur d'épanouissement, d'équilibre et de bien-être pour chacun.

Si elle est contraignante, pesante et source de conflits, mieux vaut s'en priver.

Cette contrainte psychologique peut être ressentie à un moindre degré dans les faits et gestes de tous les jours, dans la relation ordinaire, quand il y a divergence de vues et d'options, quand l'objet en cause n'est pas primordial mais que la situation proposée, fût-elle un loisir, ne convient pas et qu'elle est ressentie comme une contrainte. Il ne faut pas hésiter alors, quand on peut le faire, à s'y soustraire poliment pour garder son indépendance et sa liberté d'action.

Toute forme de dépendance et d'atteinte à la liberté est oppressante et nuisible pour l'équilibre psychologique.

Il faut donc toujours tout faire pour sauvegarder une liberté et une indépendance relatives.. tout en sachant que l'indépendance totale est impossible.

Évitez les situations embarrassantes

Il nous arrive tous de nous placer et de nous enfermer involontairement dans des situations difficiles, embarrassantes, ambiguës, floues, souvent inextricables, sans porte de sortie.

Il s'agit parfois de situations banales, parfois de situations simples qui se compliquent et tournent mal, parfois de situations complexes ou dangereuses que l'on aurait dû et pu éviter. Mieux vaut réfléchir avant d'agir et ne jamais faire aveuglément confiance.

L'important est de savoir préserver au maximum son aire de liberté. Pour cela, il faut éviter de :

— « s'embarquer » dans des situations qu'on ne maîtrise pas ou qu'on ne connaît pas, et qui peuvent nous coûter très cher, matériellement ou psychologiquement ;

— suivre n'importe qui et faire confiance à des gens qu'on ne connaît pas, l'aventure peut réserver des surprises et beaucoup de stress ;

— s'engager dans des situations à risque lorsqu'on n'en a pas l'habitude ;

— s'associer à la légère : votre naïveté peut vous faire perdre votre fortune et votre crédit. On n'est jamais assez prudent et on ne réfléchit jamais trop ;

— donner son téléphone et ses coordonnées au premier venu, au risque de le regretter plus tard.

On peut aussi se retrouver dans des situations embarrassantes pour des promesses faites à la légère et qu'on ne peut tenir.

Il faut éviter de s'engager sur des choses qu'on ne peut pas faire et de promettre uniquement pour plaire, au mépris de l'attente d'autrui. On ne joue pas impunément de la naïveté et de la détresse des autres en leur donnant de faux espoirs. Leur déception est grande et le ridicule, quand on en a encore la perception, énorme pour soi. Méfions-nous encore des petits mensonges que l'on fait pour « faire bien », pour donner de soi une meilleure image, ils risquent toujours de nous rattraper.

« Il faut suivre le menteur jusqu'à la porte de sa maison », dit le proverbe arabe. Le menteur est souvent suivi jusqu'à sa porte et ridiculisé.

Évitez les « je sais », « je connais », « je suis le plus fort », « je vous arrange ça », etc., prononcés sans fondement, par pure fanfaronnade.

Évitez aussi de soutenir des choses et des faits que vous savez inexacts et que vous ne pouvez pas défendre. Le hasard peut aussi vous contredire et vous ridiculiser sans vous laisser aucune porte de sortie. Ne « frimez » pas. Car il y a pire que de dépendre des autres, c'est de se créer à soi-même des prisons inutiles.

Menez votre vie à votre rythme

Certains sont des tortues, d'autres des chevaux de course ; certains sont stressés lorsqu'ils sont pressés, d'autres malheureux dès qu'ils n'ont rien à faire. Le stress naît des exigences sociales ou professionnelles, des contraintes qui nous imposent un rythme d'activité contraire à notre nature.

Et, comme chacun a son rythme, chacun a aussi ses biorythmes et des heures favorables ou défavorables inscrites au cadran de son horloge interne. Il est du matin, vous du soir. Il ne travaille que dans l'urgence, vous avez besoin de prévoir. Il a raison, vous aussi. Il y a toujours un bon moment, celui où l'on se sentira le plus apte à agir.

Si vous êtes fait pour vivre intensément et rapidement faites-le, vous n'en ressentirez aucune fatigue. Mais n'allez pas pour autant plus vite que votre rythme et n'en faites pas trop : vous le paieriez cher plus tard. Nul n'est invulnérable. Des champions, des stars, des patrons d'entreprise tombent tous les jours parce qu'ils ont dépassé leurs limites. Si vous êtes fait pour vivre au ralenti, n'en ayez pas honte : c'est à un rythme lent que vous vous sentirez bien et que vous serez le plus efficace. Le stress provient du déphasage, parfois imposé par l'environnement et les exigences d'une vie professionnelle pas toujours adaptée à notre rythme d'activité, qui contrarie notre nature en nous sollicitant trop ou pas assez. Il revient à chacun de trouver l'ajustement nécessaire en se ménageant des périodes de repos ou, au contraire, en recherchant une activité complémentaire stimulante, intellectuelle ou physique. Mais lorsqu'on est au-dessus ou au-dessous, quand les signes d'alarme de stress apparaissent, il faut avoir la sagesse de rectifier le tir à temps, de revenir à un rythme plus adapté.

■ Agissez au meilleur moment

Le bon moment est celui où l'on se sent le plus en forme pour agir. Certains n'agissent qu'à la dernière minute, sous pression, dans le stress et l'urgence. Un journaliste, un universitaire qui doit faire un rapport, un étudiant qui doit rédiger un mémoire s'y prennent souvent le plus tard possible, quand le délai est tel qu'ils ne peuvent plus reculer. C'est dans la panique qu'ils trouvent leurs meilleures idées : la stimulation et l'éveil provoqués par le stress les rendent productifs. Mais l'anxiété de l'échéance a ses limites. Elle peut aussi laisser des cicatrices.

Quand rien ne va, quand on n'y arrive pas, mieux vaut laisser tomber, se dire que le moment est mal choisi et en attendre un autre plus propice. Le respect rigoureux du *timing* n'est pas toujours un bienfait.

Il est inutile de commencer des choses compliquées quand on a envie de ne rien faire. Certains sont improductifs à certaines heures de la journée, tout à fait performants à d'autres. Le tout est de le savoir et d'en tenir compte. Existe-t-il une chronobiologie qui régit dans le temps l'efficacité psychologique et intellectuelle de l'idéation ? Peut-être. L'efficacité et la production des neurotransmetteurs de l'éveil ne sont certainement pas les mêmes pour tout le monde et ne se font peut-être pas aux mêmes heures.

La sagesse est de s'écouter et de se conformer au mieux à son calendrier psychologique et intellectuel. Non seulement pour les activités professionnelles, mais aussi pour toute activité en général, même le sport et les loisirs. Un dîner en ville, un spectacle, une rencontre vous seront plus agréables au moment où vous en avez le plus envie. Reste à vous écouter le temps nécessaire pour connaître votre rythme, vos heures d'élection, vos moments privilégiés d'activité ou de détente.

■ Diversifiez votre activité

Il est bon aussi, quand on est saturé, de changer totalement d'activité et de diversifier les stimulations et les motivations, de passer à quelque chose de totalement différent, d'une action intellectuelle à une action physique et inversement ou, tout simplement, de changer de pôle d'intérêt. On pourra ainsi retrouver énergie et enthousiasme.

Pensez aussi à vous

Pris dans l'engrenage de la vie, du travail, des obligations et dans le filet des autres, on s'oublie, on se néglige, on se sacrifie sans raison et sans même le vouloir. À ne plus penser à soi on se perd.

« Si je ne suis pas pour moi, qui le sera ?
Et, si je ne suis que pour moi, que suis-je ? »

La sagesse ancienne nous rappelle qu'entre l'indifférence à son propre sort et le nombrilisme l'homme doit trouver un juste équilibre, car il a le devoir d'assurer sa propre survie.

Il faut s'arrêter pour souffler, pour se regarder, prendre du recul, comprendre ses raisons et ses motivations, faire le point.

Notre équilibre psychologique et physique est à ce prix. Prenez le temps de vous connaître.

Arrêtez-vous le plus souvent possible pour vous retrouver, faire le point, voir où vous allez, satisfaire votre ego, vous gratifier, vous gâter, vous faire plaisir et vous accorder un peu de ce bien précieux : du temps.

Personne ne peut consacrer tout son temps aux autres ou uniquement à son travail, aussi passionnant soit-il, au détriment de soi-même.

« Il faut se prêter à autrui et se donner à soi », disait Montaigne, non qu'il faille se désintéresser des autres, de leurs problèmes, de leurs besoins et de la misère de l'humanité pour sombrer dans un égoïsme et un nombrilisme détestable : soi n'est pas une priorité catégorique, et faire passer son ego et ses propres intérêts avant tout n'est guère supportable.

Il faut trouver un équilibre, et savoir se dire aussi, de temps en temps :

— Et moi ? Où suis-je ? Où vais-je ? Qu'ai-je fait pour moi ?
— Vais-je bien ? Ai-je pensé à moi ?
— À moi maintenant !

S'il est important de se dévouer pour autrui et pour des causes qui nous motivent, si se donner totalement à un travail qu'on aime et qui nous plaît est également un bon stress, il est indispensable aussi de penser à soi pour sauver sa peau.

Certains l'oublient et finissent par le payer cher. « Charité bien ordonnée commence par soi-même. »

Il est bon de se retrouver à la fin de la journée, d'observer une pause, pour faire le point, le bilan de la journée et aussi de faire le vide et décompresser avant de s'endormir.

■ Mettez-vous en valeur

La relation sociale, mondaine, interpersonnelle, est souvent source de stress, surtout pour ceux qui sont timides et mal préparés à la compétition. Elle est en effet souvent ramenée à une confrontation qui tourne à l'avantage de celui qui en impose, brille, en étale le plus, a le plus d'humour ou de culture, celui qui impressionne.

Pour ne pas rester en marge, il faut jouer le jeu et tout faire pour se mettre également en valeur.

Défendez-vous avec vos armes, valorisez vos acquis, votre savoir, vos performances, vos atouts. Vous ne ferez qu'agir comme les autres. Parlez de ce que vous connaissez bien, vous serez plus sûr de vous, et donc plus confiant.

N'ayez pas honte de parler de vous, les autres ne font que cela. Et votre vie n'est pas moins intéressante que la leur !

Il est de nombreux moyens de se rehausser. Les uns s'imposent par leur richesse et on les écoute avec intérêt quoi qu'ils disent, les autres s'imposent par leur humour, leur savoir, leur réussite, leur culture, leurs performances, leur beauté, etc. À chacun d'exploiter ses atouts, de mettre en avant ce qu'il connaît le mieux et qui fait son originalité. Le monde appartient à ceux qui osent. Alors osez vous aussi !

Soyez moins exigeant et plus indulgent

La perfection en toute chose étant impossible, pourquoi s'énerver sur des détails, être intolérant envers les autres et envers soi-même, n'accepter aucune faille ni aucune faiblesse ? Les surhommes sont rares, et c'est une bénédiction. Ceux qui tentèrent de fabriquer des races supérieures ont laissé leur nom du mauvais côté de l'histoire. L'indulgence est une des qualités les moins bien partagées. On condamne, on juge, on exige quand il faudrait excuser, comprendre, pardonner.

On passe son temps à râler, à rouspéter, à se demander pourquoi ceci, pourquoi cela, à s'énerver pour des petites choses, un travail qui n'a pas été fait à la lettre, un message non transmis mot à mot, un comportement pas strictement conforme à ce qu'on attendait, un langage qui n'est pas exactement celui qu'on voulait entendre... La recherche permanente de la perfection, de la minutie, de l'ordre absolu, est très stressante et rend souvent malheureux et insatisfait.

À vouloir que tout soit parfait et marche « comme sur des roulettes » — exigences qui sont souvent le fait des personnes de type psychologique et comportemental A — on est en permanence irritable et nerveux. Il faut apprendre à vivre avec les faiblesses et la diversité des autres. On oublie trop souvent l'essentiel. Y revenir nous ramènerait pourtant à une meilleure appréciation des choses.

Nous avons tendance à condamner autrui avec légèreté et à le juger avec sévérité alors que notre propre comportement n'est pas plus irréprochable. Avant de condamner, rappelons-nous la maxime : « Ne juge pas ton prochain avant de te mettre à sa place. » Cela nous évitera bien des colères et des déceptions inutiles.

L'intolérance est la pire des choses, elle nous conduit à l'extrémisme, à l'exclusion, à l'isolement et nous rend en fin de compte malheureux.

Il faut se méfier des aspects frustes de l'intolérance qui sont détestables. L'intolérance, c'est aussi ne pas accepter la laideur des autres, leurs défauts, leur bêtise ou leur inintelligence, la différence de point de vue, de manière d'être, de vivre, de manger, de boire, de se vêtir, de se divertir, etc.

Nul n'est parfait, ni infaillible.

Soyons indulgents et tolérants envers les autres pour qu'ils le soient envers nous.

Préparez vos enfants au stress

Nos comportements, nos réactions aux émotions, aux problèmes, aux difficultés sont en partie conditionnés par ce que nous avons appris et vécu pendant notre enfance et notre adolescence. Et, si un terrain génétique peut favoriser telle prédisposition, telle fragilité, psychologique et organique, la plupart des réactions de l'être humain sont le résultat d'un apprentissage et d'un conditionnement acquis dès le début de la vie. **Les bonnes expériences vécues et réussies dans l'enfance sont reproductibles à l'âge adulte.** C'est pourquoi nous pouvons faire quelque chose pour nos enfants, les « conditionner » pour les rendre mieux adaptés au stress, les préparer à affronter dans de meilleures conditions les problèmes qu'ils rencontreront à l'âge adulte.

L'enfant que l'on a terrorisé dans sa première enfance, qui a eu peur du grand méchant loup, des fantômes, du voleur, ou, tout simplement, de l'obscurité, gardera cette peur tout au long de sa vie.

L'enfant qui a été mordu par un chien aura toujours peur des chiens. Celui qu'on a étouffé d'interdits, de « ça ne se fait pas », « c'est honteux », « attention à ceci », « attention à cela », aura du mal à l'âge adulte à s'intégrer et à se libérer des tabous programmés au fond de sa mémoire.

L'enfant surprotégé, qui n'a jamais affronté une difficulté, l'enfant pris totalement en charge et à qui on a tout donné sans lui apprendre le sens de l'effort ne saura pas affronter la vie ou faire les efforts nécessaires. Tout effort, toute contrainte, lui deviendra stress.

L'expérience et l'apprentissage du stress, donc de la vie, se font dès l'enfance.

Et les enfants du tiers monde sont souvent mieux armés que les petits Occidentaux trop choyés, protégés, isolés dans une tour d'ivoire qui un jour sera leur prison. L'enfant qui n'a pas fait sa propre expérience des choses, des contraintes et des difficultés, à qui on n'a pas appris dès le jeune âge ce qu'il faut faire et ne pas faire, à qui l'on n'a pas transmis le sens des valeurs fondamentales, du mérite, de l'effort, de la patience, de la compétition, aura du mal plus tard à accepter les contraintes et à s'y adapter.

L'enfant qui s'est affirmé très tôt, a appris à se débrouiller et qu'on n'a pas inhibé, s'affirmera plus facilement à l'âge adulte et ne sera pas stressé au premier obstacle.

On apprend à gagner mais aussi à perdre, à se débrouiller, à posséder et à se séparer, à s'adapter. C'est en se frottant aux autres et en affrontant à la fois la victoire et l'échec qu'on se construit. Tout est programmable et reproductible à l'âge adulte, même l'envie de fumer, peut-être celle de boire et se droguer. L'enfant qui voit fumer autour de lui sans être prévenu du danger sera plus tard tenté de faire la même chose, parce que fumer sera pour lui une certaine manière d'être « grand ».

Là aussi, la meilleure prévention contre le tabagisme, l'alcoolisme et la drogue devrait commencer dès l'enfance.

■ L'éducation de l'enfant et son apprentissage du stress devront commencer tôt.

— Faites attention aux nurses d'un soir, aux nourrices d'occasion, aux jeunes filles au pair ; il ne faut ni faire peur aux enfants ni leur raconter n'importe quoi. Les enfants retiennent tout et font attention à tout.

— Attention à la télévision : certains spectacles sont anxiogènes, violents, agressifs, l'enfant aura du mal à les interpréter et en gardera un mauvais souvenir.

— Attention aux ambiances familiales tendues et agressives, elles laissent des cicatrices.

Il faut savoir préparer l'enfant sans l'angoisser, sans en faire surtout l'exutoire de nos propres anxiétés. Il faut savoir lui dire oui ou non à bon escient, l'aimer infiniment, sans céder sur tout éternellement.

Il faut le conduire sur le chemin de l'épanouissement et de l'affranchissement, non sur celui de l'inhibition et de l'inadaptation. Pour pallier les déficiences et les faiblesses parentales, ne faudrait-il pas envisager d'intégrer cet apprentissage dans l'enseignement primaire ? L'enfant écoute souvent plus sa maîtresse que ses parents qui cèdent souvent à tout, préparant finalement mal leur enfant à la vie de demain.

Les conseils antistress du docteur Bensabat

— Soyez vous-même, restez vous-même et à votre place.

— Sachez où vous allez. Donnez un sens à votre vie et à ce que vous faites... Fixez-vous des objectifs, mais réalistes et à votre portée.

— Agissez et diversifiez votre activité pour vous stimuler. Passez à autre chose quand « ça bute ».

— Exprimez-vous et affirmez-vous. Ne réprimez pas et ne ruminez pas vos émotions. Criez, pleurez s'il le faut.

— Décidez et ne laissez pas vos problèmes en suspens.

— Évitez, dans la mesure du possible, les contrariétés inutiles et ce qui vous déplaît, et ne vous placez pas dans des situations embarrassantes. Fuyez s'il le faut.

— Analysez immédiatement les agressions et les situations. Relativisez vite ce qui arrive et prenez-le avec plus d'humour.

— Prenez du recul. Revenez toujours à l'essentiel et à vos valeurs de référence.

— N'attendez pas trop des autres ni des situations et soyez content de ce que vous avez.

— Évitez les relations négatives et les personnes qui « pompent » inutilement votre énergie.

— N'en faites ni trop ni pas assez, mais juste ce

qu'il faut pour avoir la dose de stimulation indispensable à votre éveil.

— Ne perdez pas votre temps. Gérez-le utilement et profitez-en, observez des pauses dans la journée pour souffler et vous retrouver.

— Agissez avec les autres comme vous voulez qu'ils agissent avec vous. Protégez votre territoire, vos acquis et votre liberté.

— Pensez aussi à vous. Ayez des motivations, faites-vous plaisir et vivez.

— Riez. Décompressez et évacuez votre stress. Ne le gardez pas. Faites du sport même violent plus souvent si vous le pouvez, c'est un moyen indispensable de décompression.

Profitez du bon stress

— Agissez, ayez des activités de rechange qui introduisent dans votre vie de la stimulation, de l'excitation et de l'intérêt.

— Faites des projets, il n'y a rien de tel pour reprendre goût à la vie et combattre la déprime.

— Rendez votre travail plus stimulant, plus intéressant et plus gratifiant : c'est la plus grande réserve de bon stress, et il suffit de peu de chose.

— Motivez-vous pour quelque chose.

— Découvrez des choses nouvelles.

— Apprenez quelque chose que vous n'avez jamais pu apprendre.

— Intéressez-vous à tout ce qui vous entoure. Ouvrez vos yeux et vos oreilles.

— Profitez mieux des petits plaisirs de la vie, quel que soit ce plaisir.

- Voyez davantage les gens que vous aimez.
- Sortez. Allez au cinéma, au concert, au théâtre

et partout où vous trouvez du ou un plaisir. On n'en profite jamais assez.

- Lisez, écoutez de la musique, peignez si ces hobbies sont les vôtres.
- Participez à une activité de groupe, physique, intellectuelle ou spirituelle, si cela vous plaît.
- Promenez-vous et appréciez la beauté de la nature et de votre environnement.
- Ne perdez pas vos week-ends à ne rien faire et à vous ennuyer. Profitez-en au maximum.
- Faites du sport ou l'équivalent, même violent si vous le pouvez et le plus que vous pouvez. C'est bon pour vous à condition que ce ne soit pas une corvée.

— Gâtez-vous.

— Donnez et recevez de l'affection.

— Profitez davantage de vos enfants. Jouez et parlez avec eux, faites-leur découvrir des choses.

— Faites l'amour, c'est bon pour vous.

Conclusion

Le miracle de la vie

Tout individu est soumis inévitablement et en permanence à un processus normal de demande d'adaptation aux situations les plus diverses et les plus banales de la vie quotidienne et de réponse biologique à cette demande.

La maîtrise du stress dépend du bon mariage de ce couple indissociable de demande et de réponse, et plus précisément de la gestion de la dose et de la nature des demandes auxquelles on peut biologiquement faire face sans trop en pâtir.

Tout le problème est là.

La plupart du temps, le mariage est harmonieux, la demande correspond aux besoins physiologiques de stimulation physique, psychologique, intellectuelle et émotionnelle de l'individu, et la réponse biologique se fait sans effort particulier d'adaptation ni dépense supplémentaire d'énergie. Le stress est un bon stress.

D'autres fois, la réponse exige un effort d'adaptation, un réajustement biologique et une dépense supplémentaire d'énergie, parce que la demande est répétée, prolongée ou excessive et dépasse le niveau physiologique de stimulation et d'adaptation de l'individu.

C'est alors un mauvais stress.

La machine humaine est conçue pour fonctionner à un rythme de stimulation et de réponse d'adaptation propre à chaque individu. Au-dessus ou au-dessous de ce niveau idéal de fonctionnement, appelé niveau optimal de stress, qui permet à chacun d'être bien, équilibré, en harmonie avec lui-même, la machine humaine suremployée ou sous-employée souffre et s'use comme n'importe quelle mécanique.

Toute la dialectique du stress repose sur cette notion fondamentale de l'exploitation du stress nécessaire, c'est-à-dire de la dose et du type de stimulation dont l'individu a besoin et de sa capacité d'y répondre et de s'y adapter normalement.

Bien utilisé et bien adapté à ce que l'homme peut supporter quantitativement et qualitativement, le stress est le meilleur stimulant pour l'homme. Mal utilisé et mal adapté, il devient son pire ennemi, un poison, un mal de civilisation qui fait actuellement des ravages, provoquant ou aggravant de nombreuses maladies.

Face aux situations, aux émotions, aux agressions, aux événements les plus divers auxquels nous sommes affrontés à chaque instant, et au-delà des réactions biologiques spécifiques à chaque demande, notre corps répond de façon stéréotypée par une réaction biochimique non spécifique, c'est-à-dire toujours la même, totalement indépendante du type de demande et de situation en cause, ce qui se traduit dans l'organisme par un ensemble de modifications destinées à assurer l'adaptation.

Cette réaction non spécifique qui caractérise le stress est le dénominateur commun à toutes les demandes d'adaptation, et à tous les « stresseurs ». Elle correspond biologiquement à une dose d'usure inéluctable de l'organisme, d'autant plus grande que l'effort d'adaptation et de réajustement biologique nécessaire est plus grand, c'est-à-dire que l'écart par rapport au niveau optimal de stress est plus important.

C'est ce qui se produit chaque fois que l'homme en fait trop, dépasse ses capacités physiologiques, se surmène ou se sous-emploie, s'expose à des situations et à des agressions psychologiques ou émotionnelles auxquelles il s'adapte mal et n'apporte pas, psychologiquement et donc biologiquement, la meilleure réponse. Car n'oublions pas que la réponse biologique d'adaptation dépend beaucoup de la manière d'interpréter ce qui arrive.

Cela ne veut pas dire qu'il faille éviter le stress, ne rien faire et mener une vie plate et monotone, loin de là. L'homme ne trouve son équilibre que dans l'action et l'accomplissement. Il faut au contraire développer le bon stress stimulateur qui nous fait dépenser le moins, et éviter le mauvais stress qui nous fait dépenser davantage, nous use et nous fait vieillir plus rapidement.

L'activité gratifiante, même intense, couronnée de succès et conforme au but qu'on s'est fixé, use peu. Les grands travailleurs qui ont rempli leur vie d'un travail fait de bonnes stimulations et de plus de plaisir et de satisfaction que de frustration vivent très vieux. Ainsi Picasso, Chagall, Rubinstein, et bien d'autres.

Ce n'est que lorsque le travail et la vie qu'on mène ne sont ni motivants, ni plaisants, ni gratifiants, mais plutôt contraignants, frustrants, humiliants et ne correspondent à aucun idéal et aucun but, que le stress use plus vite.

Le stress est en fin de compte un phénomène inéluctable d'usure générale, résultat de tout ce que nous faisons et subissons, et de toutes les activités biologiques de l'organisme. Cette usure est difficilement chiffrable, mais elle s'apprécie indirectement par la somme de vieillissement des différents appareils, la perte d'élasticité de la peau et de la souplesse des articulations, le vieillissement et le durcissement des artères, le vieillissement du cristallin et de l'organe d'audition, la diminution de la résistance générale et de l'énergie, la tendance à la fatigabilité jamais totalement réparée par le repos, etc.

Tous ces indices sont significatifs et ne sont que l'expression de nos excès, de notre mauvaise adaptation, de notre mauvaise manière de faire, de réagir, et de coexister avec ce qui nous arrive et nous entoure. La solution dépend d'abord de nous et non des autres, d'un médecin ou d'une quelconque pilule du bonheur.

Il revient à chacun de connaître ses limites et de mener sa vie selon ses moyens biologiques ; de changer sa manière de faire, de réagir pour prévenir le stress, de prendre du recul et de relativiser l'agression en revenant chaque fois à l'essentiel et à ses propres valeurs de référence en ne perdant jamais de vue le plus important : le miracle de la vie.

ANNEXE

Physiologie du stress

Le stress suit un cheminement interne et met en jeu dans tout l'organisme des mécanismes de défense et des réactions spécifiques :

— toute agression psychologique ou émotionnelle consciente ou inconsciente, bonne ou mauvaise ;

— toute stimulation sensorielle ;

constituent un message qui arrive à la base du cerveau, au niveau d'une petite glande appelée hypothalamus. Véritable ordinateur, celui-ci module le message qu'il reçoit en fonction d'autres informations venant d'autres régions voisines du cerveau, dont le tronc cérébral, la substance réticulée et le système limbique, lui-même formé de deux parties appelées amygdale et hypocampe. L'hypothalamus intègre toutes ces données, puis ordonne à son tour la mise en jeu de deux systèmes de défense.

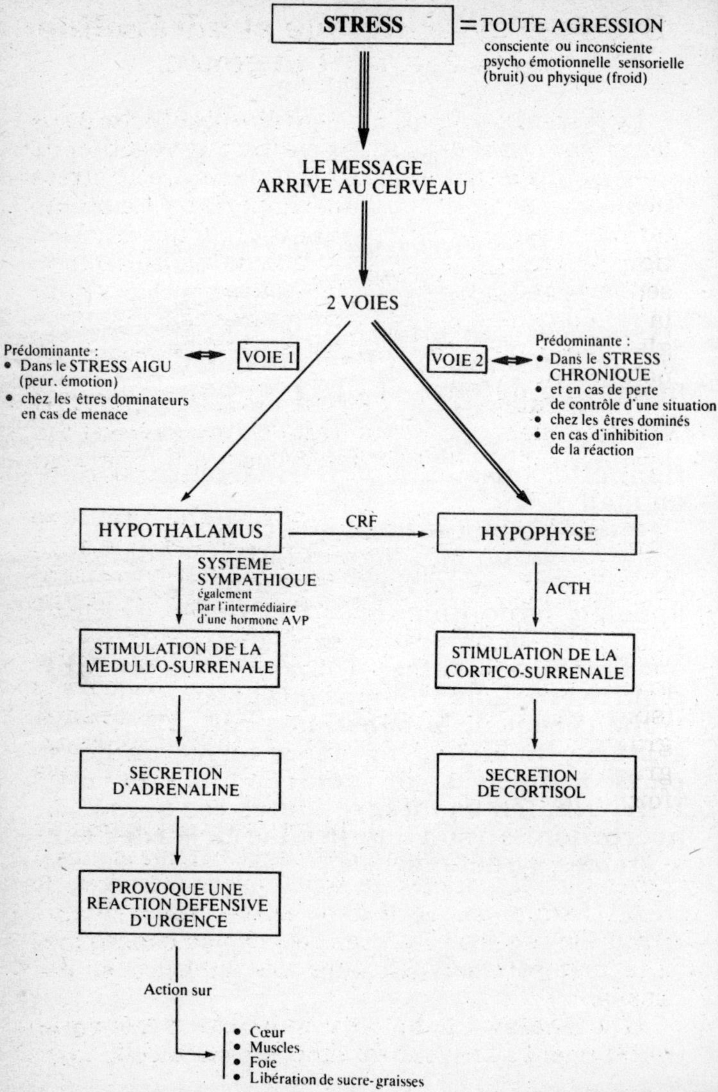

(D'après le docteur Bensabat)

Système sympathique et adrénaline L'hormone d'urgence

Le système sympathique est plutôt sollicité dans les situations d'urgence exigeant une réaction de défense et d'adaptation immédiate contre un stress nouveau, soudain, et surtout important. La stimulation du système sympathique provoque la sécrétion d'hormones appelées catécholamines représentées entre autres par l'adrénaline, produite par la glande médullo-surrénale (partie centrale de la glande surrénale dont la partie périphérique s'appelle cortico-surrénale).

L'adrénaline est également produite par tout le système nerveux sympathique, au niveau des terminaisons et de fibres nerveuses qui innervent tous les organes.

Hormone de l'urgence, l'adrénaline provoque immédiatement une réaction d'éveil et fournit à l'organisme l'énergie dont il a besoin en faisant libérer le sucre stocké dans le foie (indispensable pour le fonctionnement cellulaire en général, pour les muscles et le cerveau en particulier) et les graisses stockées dans les réserves tissulaires (sous forme de triglycérides dans les cellules graisseuses appelées adipocytes ; la libération des graisses à partir des triglycérides se fait sous forme d'acides gras).

La réaction d'éveil est favorisée par l'action de l'adrénaline au niveau du cerveau ; mais aussi parce qu'elle accélère le cœur, augmente donc le débit cardiaque, et assure ainsi une meilleure irrigation de tous les organes, et par conséquent une meilleure oxygénation des muscles et des tissus.

L'adrénaline a de plus une action générale, notamment au niveau du tube digestif où elle entre en compétition avec son antagoniste, l'acétylcholine, sécrétée par le système parasympathique également sollicité par le stress.

Il existe une corrélation entre le psychisme et la sécrétion des catécholamines qui obéit probablement à un rythme cyclique, expliquant que l'heure de « productivité » d'un individu peut varier dans la même journée suivant son taux de sécrétion de catécholamines. Les déprimés auraient ainsi un déficit en catécholamines. Plus un sujet maîtrise ce qu'il fait, c'est-à-dire mieux il s'adapte à une situation, plus la sécrétion de catécholamines diminue. Un travail automatique bien appris et bien contrôlé permet une économie de catécholamines. En revanche, les situations menaçantes ou à grandes responsabilités provoquent une sécrétion importante d'adrénaline.

Plus l'émotion est grande, plus la tâche mentale exige une concentration, plus la sécrétion d'adrénaline est importante ; un exercice musculaire intense produit le même effet.

Le dosage de catécholamines dans les urines[1] donne un bon reflet du stress.

Néanmoins la sécrétion d'adrénaline n'est pas toujours bénéfique ; produite de façon répétitive dans le stress chronique[2], ses effets s'accumulent et provoquent ou favorisent de nombreux troubles biologiques, organiques et fonctionnels, en parti-

1. On retrouve dans les urines des catécholamines et leurs dérivés métaboliques : acide vanylmandélique, acide humovanilique, noradrénaline et adrénaline.

2. Le stress chronique épuise également la sécrétion de la médullo-surrénale et, d'après les Suédois Roessler et Franken Hauesen, les sujets qui ont un moi faible et des tendances dépressives sont incapables d'activer leur système sympathique pour se défendre au cours du stress. Ils sont donc plus vulnérables, alors que les sujets toniques répondent plus efficacement par une sécrétion rapide d'adrénaline.

culier des troubles cardio-vasculaires (hypertension artérielle, troubles du rythme cardiaque, thrombose cérébrale et coronarienne) où interviennent entre autres l'excès de production des acides gras et l'hypercoagulabilité du sang, mais aussi des troubles digestifs, si fréquents dans les manifestations de stress.

Ces dysfonctionnements biologiques sont souvent dus au fait que l'énergie libérée par l'adrénaline, appelée aussi énergie d'adaptation, n'est pas suffisamment consommée physiquement par un organisme dont l'activité principale est devenue plus intellectuelle et cérébrale que physique. Soumis à une vie sédentaire, l'homme d'aujourd'hui, surtout s'il est citadin, est d'abord, et souvent uniquement, l'objet d'agressions psycho-émotionnelles.

Une autre zone du cerveau intervient pour commander une réaction de vigilance de base, et assurer d'abord le fonctionnement vital du cœur et de la respiration, au détriment parfois d'autres fonctions, entraînant ainsi une modification de perception des choses et une désorganisation avec réactions explosives ou inadaptées.

Selon l'activation de certaines zones du cerveau et de la sécrétion de certaines hormones, on peut obtenir une bonne ou une mauvaise adaptation au changement. Et inversement, selon l'importance du changement intervenu, du degré de contrôle de la situation, de l'apprentissage et des expériences antérieures, et de la bonne ou mauvaise adaptation, il se produit une activation et une sécrétion de l'adrénaline cérébrale qui active à son tour les autres centres du cerveau, dont l'hypothalamus.

Quand il y a mauvaise adaptation, le taux de l'adrénaline cérébrale diminue. C'est ce qui se produit par exemple dans les situations où nous sommes dominés.

Chez la femme, les épisodes dépressifs ou de contrainte prolongée, les situations de dominée, entraînent une baisse du taux de l'adrénaline cérébrale qui peut provoquer à son tour une baisse de ses stimulines sexuelles et, en fin de compte, une baisse du taux de progestérone, responsable à son tour de toute une pathologie féminine.

Système hypophysaire

L'hypophyse serait sollicitée secondairement, après la mise en jeu du système sympathique, et surtout dans les situations, moins urgentes, de stress chronique. La stimulation de l'hypophyse se fait à son tour par l'intermédiaire d'un « messager » appelé CRF *(cortico-releasing factor)* produit par l'hypothalamus.

Autre petite glande de la base du cerveau, l'hypophyse joue le rôle d'un véritable chef d'orchestre, distribuant à son tour des ordres précis de défense et de stimulation d'autres glandes.

Excitée par le CRF, l'hypophyse sécrète une hormone appelée ACTH qui, transportée par la circulation sanguine, arrive au niveau d'une autre petite glande située au pôle supérieur de chaque rein et appelée glande cortico-surrénale.

Les cortico-surrénales, stimulées par l'ACTH, sécrètent à leur tour des hormones, dont le cortisol ou cortisone.

La stimulation de l'hypophyse aboutit également à la sécrétion :

— d'hormones calmantes et euphorisantes appelées endorphines (ce sont les endorphines qui masquent la douleur du footballeur blessé mais emporté par le stress de son match) ;

— des stimulines sexuelles, appelées FSH et LH,

qui font sécréter à leur tour les hormones sexuelles : œstrogène, progestérone, testostérone ;

— de la prolactine, qui peut bloquer les règles quand elle est sécrétée en trop.

Outre son effet anti-inflammatoire et son action favorisant la formation de sucre dans le foie, le cortisol rétrécit les artérioles et favorise l'hypertension artérielle. Son accumulation provoque aussi une diminution des défenses immunitaires, et c'est peut-être là son effet le plus négatif.

Dans le stress chronique, la sécrétion de cortisol est lente mais continue. Il en est de même pour la sécrétion de l'ACTH et des endorphines.

La mise en jeu de ces deux systèmes est régulée par d'autres centres du cerveau et par la sécrétion de nombreuses hormones, dont l'acétylcholine et les neurotransmetteurs, substances parmi les dizaines d'autres d'origine cérébrale qui favorisent la transmission du message à l'intérieur du cerveau.

Les interactions entre ces hormones cérébrales et ces neurotransmetteurs facilitent ou freinent la transmission du message.

C'est ainsi par exemple que le système dit « limbique », qui est notre cerveau affectif et le cerveau de nos réactions instinctives, intervient en modulant nos réactions émotives et commande à son tour la mise en jeu du système sympathique ou de l'hypophyse, c'est-à-dire du système de l'urgence ou du système de l'endurance. On pense aujourd'hui que l'organisme ne réagit pas toujours de la même façon quelle que soit l'agression.

Le cerveau serait capable de distinguer si une situation est stressante ou non en fonction de ses programmations antérieures.

Table

Composition réalisée par COMPOFAC - PARIS

IMPRIMÉ EN FRANCE PAR BRODARD ET TAUPIN
Usine de La Flèche (Sarthe).
LIBRAIRIE GÉNÉRALE FRANÇAISE - 6, rue Pierre-Sarrazin - 75006 Paris.

ISBN : 2 - 253 - 05580 - 8 30/7994/4